Feuerbach

Jörg Kurz

Feuerbach

HamppVerlag

Impressum

Dieses Buch wurde gedruckt mit Unterstützung des Bürgervereins Feuerbach, des Bezirksbeirats Feuerbach und des Georg-Thieme-Verlags.

Originalausgabe 2010

Weitere Informationen über das Verlagsprogramm finden Sie unter:
www.hamppverlag.de

Dieses Werk einschließlich aller seiner Teile ist urheberrechtlich geschützt. Jede Verwertung außerhalb der engen Grenzen des Urheberrechtsgesetzes ist ohne Zustimmung des Verlages unzulässig und strafbar. Das gilt insbesondere für Vervielfältigung, Übersetzungen, Mikroverfilmung und die Einspeicherung und Verarbeitung in elektronische Systeme.

Text und Gestaltung: Jörg Kurz
Redaktion: Hampp Verlag GmbH, Stuttgart
Umschlaggestaltung, Repro, Satz: Andreas Weise, pws Print und Werbeservice Stuttgart
Druck und Bindung: L.E.G.O., Vicenza

Printed in Italy

© 2010 Hampp Media GmbH, Stuttgart

ISBN: 978-3-942561-06-8

Inhaltsverzeichnis

Vorworte   6

Die Geschichte von Feuerbach   9

Durch die Jahrhunderte   15
Das Dorf im 19. Jahrhundert   25
Die Industrialisierung bringt den Aufstieg   37
Feuerbach wird Stadt   59
Vereinsleben   71
Die Zeit von 1918 bis 1933   77
Herrschaft der Nationalsozialisten und Krieg 1933 bis 1945   87
Nachkriegsjahre   103
Feuerbacher Gestalten   117

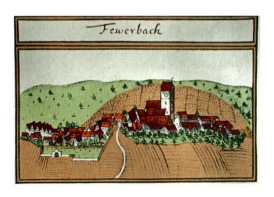

Feuerbach heute   143

Im Oberdorf   145
Zentrum   153
Wohn- und Erholungsgebiete   177
Kirchen   195
Schulen   201
Das Industrieviertel   207
Jugend, Sport und Freizeit   217
Neue Nachbarn   227
Feuerbach lebt – Veranstaltungen und Kultur   233

Zukunfts(t)räume   253

Quellenverzeichnis   262
Bildnachweis und Danksagung   263

Vorworte

Feuerbach heute

Andrea Klöber
Bezirksvorsteherin von Feuerbach

Liebe Leserin, lieber Leser,

Feuerbach ist heute ein moderner und liebenswerter Stadtbezirk im Norden der Landeshauptstadt Stuttgart mit ungefähr 28 000 Einwohnern und 34 000 Arbeitsplätzen. Tradition und Moderne gehen hier Seite an Seite.
Traditionsunternehmen wie Bosch, Behr oder der Thieme-Verlag sorgen seit Jahrzehnten für das wirtschaftliche Wohl im Stadtbezirk, viele neue Unternehmen haben sich etabliert. Nicht nur Industrie und Gewerbe schätzen den Standort, in Feuerbach lässt es sich auch ausgezeichnet leben. Naherholungsgebiete wie das Feuerbacher Tal und das Naturschutzgebiet Lemberg mit seinen Weinbergen, zentrumsnahe neue Wohngebiete und die gute Infrastrukturausstattung machen den Stadtbezirk zu einem begehrten Wohnstandort.
Die alte Tradition des Weinbaus wird bis heute fortgeführt und gepflegt – gleichwohl nicht mehr in dem Umfang wie in früheren Zeiten. Doch zahlreiche Aktivitäten und das stetig steigende Interesse der Weinliebhaber an unseren heimischen Weinen lassen hoffen, dass dieser Wirtschaftszweig auch eine gute Zukunft haben wird.
Feuerbach ist weit über seine Gemarkungsgrenzen hinaus als wichtiger Bildungsstandort bekannt: Elf staatliche Schulen und einige private lassen (fast) keine Bildungswünsche offen.
Mit dem Wilhelm-Braun-Sportpark verfügt der Stadtbezirk über ein weitläufiges und gut ausgestattetes Sportgelände, auf dem zahlreiche Vereine die verschiedensten Sportarten anbieten: von Badminton über Fußball und Kegeln bis Tanzen und Yoga. Zahlreiche kulturelle Einrichtungen wie das Theaterhaus Stuttgart oder das Freie Musikzentrum, Stadtteilbücherei, Musikschule und Galerien tragen ebenso zur Attraktivität bei wie die zahlreichen Einrichtungen für Senioren, Kinder und Jugendliche. Die Stuttgarter Straße im Zentrum und viele andere Einzelhandelsbetriebe locken Kunden aus der ganzen Umgebung an. Die ehemalige Industriebrache Roser-Areal wurde zu einem beispielhaften innerstädtischen Standort für Einzelhandel, Kultur, Wohnen, Arbeiten und Bürgerhaus entwickelt. Neue städtebauliche Entwicklungen werden auch in Zukunft die hohe Qualität Feuerbachs als Wohn- und Arbeitsstandort gewährleisten. Beispiele dafür sind die Planungen für die innerstädtischen ehemaligen Industrie- und Gewerbebrachen oder auch das ehemalige Krankenhaus-Areal, auf dem derzeit ein neues Wohngebiet entsteht. Ich freue mich, dass es Jörg Kurz gelungen ist, unser Feuerbach in origineller und moderner Form in seinem Buch darzustellen, und wünsche ihm viele interessierte Leser.

Andrea Klöber

Vorworte

Ein lebendiger Ort mit großer Vergangenheit

Jörg Kurz

Feuerbach ist sicher einer der interessantesten Vororte Stuttgarts. Der märchenhafte Aufstieg vom armen Dorf zur Stadt in wenigen Jahrzehnten wurde 1933 von der benachbarten Hauptstadt durch abrupte Vereinnahmung gebremst. Man wollte die aus dem engen Stuttgarter Tal geflüchtete Industrie wieder unter den großstädtischen Hut bringen, was unter der Diktatur der Nationalsozialisten durch einen Staatsakt erledigt werden konnte. Die Vielfalt und Lebendigkeit, aber auch das Selbstbewusstsein der Bewohner der einst selbstständigen Stadt findet heute höchstens in Bad Cannstatt noch ein vergleichbares Gegenstück.

Schon Jahrzehnte bin ich als unmittelbarer Nachbar, aber auch durch Freunde und Bekannte mit Feuerbach verbunden. Trotzdem war ich zunächst überrascht, als mich Vertreter des Bürgervereins Feuerbach baten, ein Buch über Feuerbach zu schreiben. Die Entscheidung fiel mir nicht leicht, weil schon zahlreiche verdienstvolle Autoren die verschiedensten Aspekte Feuerbachs in ihren Publikationen beleuchtet haben. Deshalb habe ich versucht, einerseits die Geschichte des Ortes in klaren Zügen zu skizzieren, andererseits auch einige bisher vernachlässigte Aspekte hinzuzubringen. So scheint mir bisher zu wenig gewürdigt worden zu sein, dass Feuerbach immer wieder mutige Leute hervorgebracht hat, die im Bauernkrieg, in der bürgerlichen Revolution von 1848/49 und während der Hitler-Diktatur für Freiheit und Demokratie ihr Leben eingesetzt haben. Einzelnen Einwohnern Feuerbachs, die weit bekannt in Deutschland, ja in der Welt, geworden sind, sind eigene Kapitel gewidmet.

Wie bei allen meinen Büchern habe ich mich darum bemüht, durch viele zeitgenössische Dokumente und Fotos den Inhalt „bildhaft" zu machen. Dabei sollte nicht nur die Vergangenheit beleuchtet werden, sondern ein lebendiges Bild des heutigen Feuerbachs und seiner Bewohner gezeichnet werden.

Bei meinen Recherchen habe ich immer wieder freundliche Unterstützung gefunden. Dabei war ich oft erstaunt über die unterschiedlichen, ja fast widersprüchlichen Züge, die sich in Feuerbach finden lassen: dörfliche Idylle im Oberdorf und pulsierendes Leben in der Stuttgarter Straße, Industriegigantismus und stilvolle Villen im Grünen, eine Biedermeierapotheke und Hofscheuern neben einem Betonhochhaus, alte Feuerbacher Backsteinhäuser gegen Neue Sachlichkeit, südliche Atmosphäre in den Cafés der Stuttgarter Straße, Handwerkerhöfe und gemütliche Besenwirtschaften, Geschäftigkeit und Freude an Festen, soziales Engagement und künstlerische Raffinesse. Auch die Einwohner Feuerbachs bieten ein buntes Bild: von den alteingesessenen Familien, die sich noch stolz „Feuerbächer" nennen, bis zu den Zuwanderern aus südlichen Zonen, die sich zum Teil schon längst integriert haben.

Alle diese Aspekte habe ich versucht zwischen zwei Buchdeckel zu bringen, in der Hoffnung, damit den Auswärtigen ein wirklichkeitsnahes Bild dieser Gemeinde zu zeichnen, andererseits den Feuerbachern das Glücksgefühl zu vermitteln, in diesem vielseitigen und lebenswerten Gemeinwesen zu Hause zu sein.

Jörg Kurz

Die Geschichte von Feuerbach

Alamannenzug – Darstellung aus dem 19. Jahrhundert

Die Geschichte von Feuerbach

Frühe Zeiten

Urzeitliches Leben

Das Gebiet um das heutige Feuerbach war schon zu Urzeiten belebt. In den Steinbrüchen auf dem Killesberg stießen die Steinhauer im Schilfsandstein immer wieder auf Reste vorzeitlicher Riesenlurche. Unweit des Bahnhofs wurden auf dem Gelände der Firma Kast & Ehinger ein gut erhaltener Mammutzahn und Knochen des eiszeitlichen Wollnashorns gefunden.

Der Lemberg heute

Keltische Befestigungswälle am Lemberg

Erste Besiedlung

Die Tallandschaft mit ihrem fruchtbaren Löss-Lehmboden hat auch schon früh Menschen angezogen, wie Funde aus der mittleren Steinzeit bekunden. Spuren von Wohnstätten weisen auf eine erste feste Besiedlung in der jüngeren Steinzeit (2500 v. Chr.) hin.

Rekonstruktion der späten La-Tène-Siedlung von Jutta Sailer-Paysan

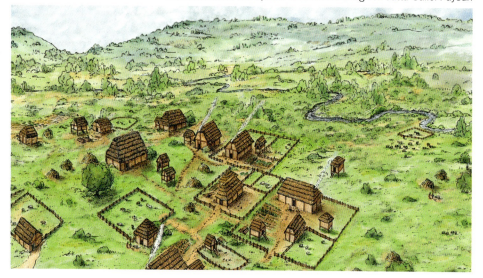

Kelten

Auf dem Lemberg entdeckte 1903 der Feuerbacher Pfarrer und Heimatforscher Richard Kallee mit Stubensandsteinplatten verblendete Befestigungswälle der Kelten, die er „Volksburg" nannte. Sie schützten eine etwa 400×150 m große Siedlung mit Strohdachhütten aus der Hallstatt-Zeit (800–450 v. Chr.) und der La-Tène-Zeit (ab 450 v. Chr.). Leider wurde dort nach 1908 nie wissenschaftlich gegraben und man weiß deshalb nicht, welche Überraschungen der Wald auf dem Lemberg noch verbirgt. Brandspuren deuten auf ein gewaltsames Ende der Siedlungen hin. 1930 wurden bei den „Schelmenäckern" weitere Reste einer Siedlung aus der La-Tène-Zeit gefunden.

Anfänge

Uralte Fernwege im Feuerbacher Gebiet

Die Historiker berichten von einem uralten Fernweg, der von den Kelten schon vor über 2500 Jahren als feste Handelsverbindung bis zu dem damals etruskischen Mittelitalien benutzt wurde (siehe Karte blau). Vom Asperg, einst ein keltischer „Fürstensitz", verlief diese Route durch das heutige Feuerbach den Feuerbacher Weg empor, um danach das Stuttgarter Tal Richtung Fildern und der Schwäbischen Alb zu durchqueren. Sicher hatte dieser Fernweg auch eine wichtige Bedeutung für die frühen Bewohner des Feuerbacher Tales.

Feuerbacher Weg

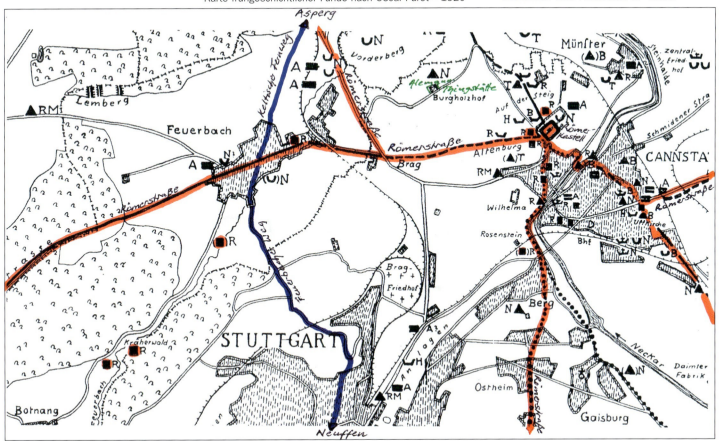

Karte frühgeschichtlicher Funde nach Oscar Paret – 1920

Die Geschichte von Feuerbach

Römische Kultur

Eine sechs Meter breite römische Fernstraße (in der Karte Seite 11 rot), wegen ihrer teilweise noch erhaltenen Pflasterung heute noch „Steinstraße" genannt, führte von Straßburg nach Pforzheim über die Hohewartstraße mitten ins spätere Dorf und über die heutige Stuttgarter Straße zur Passhöhe der Prag hinauf. Dort vereinigte sie sich noch auf Feuerbacher Gebiet mit einer anderen römischen Fernstraße von Speyer über Heilbronn, um nach dem Pragsattel zum Kastell nach Cannstatt abzubiegen.

Im Feuerbacher Gebiet vermutet man mehrere römische Gutshöfe. Am heutigen Bahnhofsvorplatz fand man 1897 die Reste eines römischen Bades, das zu einem solchen Gutshof gehört haben muss. Im Feuerbacher Tal und im unteren Kräherwald wurden Brennöfen einer römischen Töpferei und Ziegelei ausgegraben. Hier wurden in Serie aus dem Lösslehm Becher, Schalen und Krüge geformt und vor Ort gebrannt. Das Brennmaterial und der Lehm konnten unmittelbar aus dem Kräherwald entnommen werden, der vorbeifließende Feuerbach lieferte das nötige Wasser. Vor dem Brennen wurden die Gefäße häufig in einer Formschüssel gepresst, die sie mit runden Bildstempeln und Borten versah. Die „Terra Sigillata", wie man diese Erzeugnisse nannte, kam nach dem Brand bei 950 Grad Celsius als rotglänzendes Tafelgeschirr aus dem Ofen. Diese sogenannte „Schwäbische Ware" findet man in der ganzen Region, aber auch entlang des Limes bis in die Donauregionen.

Reste einer Terra-Sigillata-Bilderschüssel aus dem Kräherwald

Die Steinstraße zwischen Hoher Warte und Solitude

Römische Gefäße, die in Cannstatt gefunden wurden

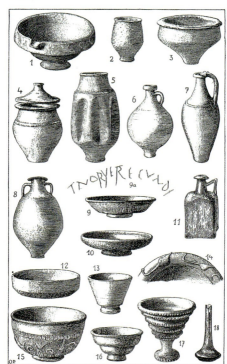

Die Alamannen besiedeln das Feuerbacher Tal

Die Alamannen – der Name bedeutet so viel wie „alle Männer, viel Volk" – waren ein germanisches Volk ohne zentrale Führung, das ursprünglich in Stammesverbänden südlich der Ostsee und im Elbe-Havel-Gebiet siedelte. Während der Zeit der Völkerwanderung (ab 375 n. Chr.) zogen sie über das Thüringer Becken in das Gebiet vom Main bis zu den Alpen. Dieses ehemals vom Limes geschützte „Zehntland" war im 3. und 4. Jahrhundert von den Römern bereits aufgegeben worden. Die Landnahme erstreckte sich über einen langen Zeitraum. Zwischen 500 und 600 setzen sich die Alamannen in der Weitung des Feuerbachs fest, deren ebener und guter Boden fruchtbares Ackerland bot. Dort legten sie den Grund für den Ort Feuerbach.

Alamannisches Steinplattengrab

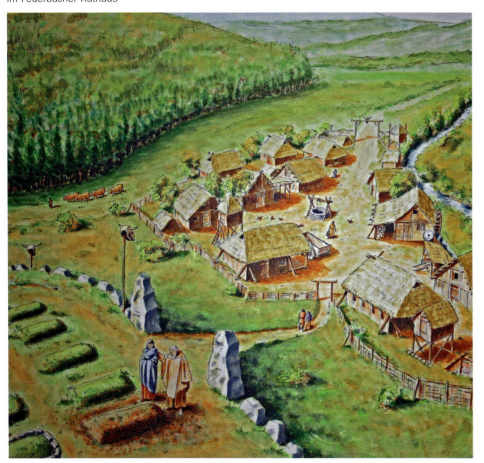

Rekonstruktion des alamannischen Dorfes mit einer Begräbnisstätte – aus der Ausstellung im Feuerbacher Rathaus

Diese erste alamannischen Siedlung sammelte sich um einen größeren Herrenhof des Sippenoberhaupts, der als Erster unter gleichberechtigten freien Bauern galt. Wald und Weide waren noch gemeinschaftlich genutzte „Allmende". Drei verschiedene alamannische Reihengräberfelder wurden auf der Feuerbacher Markung entdeckt, so um 1845 beim Eisenbahnbau in der Gegend des Siegelbergs, 1904/1905 in der Schlosserstraße, 1910 bis 1928 in der oberen Stuttgarter Straße und 1980 beim Bau des Staufeneckcenters. Daraus kann man schließen, dass sich das Dorf aus mehreren, ursprünglich getrennten Sippensiedlungen herausgebildet hat. Im 7. Jahrhundert wurden die Alamannen von den aus dem Westen eingedrungenen Franken geschlagen und zwangsweise in ihr Großreich integriert. Nach der von den neuen Machthabern durchgeführten Christianisierung wurde die Begräbnisstätte an die Kirche verlegt, Grabbeigaben gab es nun nicht mehr.

Die Geschichte von Feuerbach

Beim Ausheben der Baugrube für die Chemikerhäuser der Firma Hauff in der oberen Stuttgarter Straße stieß man 1910 auf ein großes alamannisches Gräberfeld. Der Feuerbacher Stadtpfarrer Richard Kallee grub zusammen mit seinem Freund, dem Oberstabsarzt Reinhold Blind, und Mitarbeitern des urgeschichtlichen Museums in Tübingen von 1911 bis 1928 insgesamt 138 Gräber aus. Besonders interessant war die Entdeckung einer Reihe von Sarkophagen, die aus großen Steinplatten zusammengefügt waren. Die ursprünglich eingefriedeten Gräber waren schon in der Frühzeit beraubt worden. Trotzdem reichten die verbliebenen Funde von Waffen, Schmuck und Beschlägen zur Grundausstattung eines 1925 von der Stadt Feuerbach neu gebauten Heimatmuseums aus. Dieses Museum wurde von Stadtpfarrer Kallee eingerichtet und geleitet. Der emeritierte Pfarrer wohnte bis zu seinem Tode im Jahr 1933 über dem Museum.

Richard Kallee (1854–1933). Neben seinem Pfarrerberuf war Kallee ein leidenschaftlicher Historiker, der mit seinem Wirken viel zur Erschließung der Feuerbacher Geschichte beigetragen hat. Der Vater des Feuerbacher Ortspfarrers war ein illegitimer Sohn des württembergischen Königs Wilhelm I.

Das Feuerbacher Heimatmuseum wurde nach dem Zweiten Weltkrieg mehrmals beraubt, sodass es aufgelöst und seine Restbestände verteilt wurden. Im Foyer des Rathauses findet sich noch eine kleine Sammlung der in Feuerbach verbliebenen Stücke als Leihgabe des Landesmuseums. In einer Vitrine sieht man Ausrüstungsteile eines alamannischen Kriegers wie Langschwert, Kurzschwert und Pfeile als typische Bewaffnung sowie eine eiserne Schnalle und Beschläge des Gürtels. In einer weiteren Vitrine werden Gebrauchsgegenstände wie eine geschmückte Fibel zum Schließen der Oberbekleidung, ein Messer, Halsketten und Knochenkämme gezeigt, wie sie häufig in Frauengräbern gefunden wurden.

Rekonstruktion des Gräberfelds
Arbeiter bei der Ausgrabung

Grabbeigaben eines Mannes

Grabbeigaben einer Frau

Die Geschichte von Feuerbach

Vestinjagd am Bärensee. Das Wild für dieses inszenierte blutige Jagdfest der herzoglichen Hofgesellschaft musste von den Bauern über Wochen vorher zusammengetrieben werden.

Viele Überlebende der gewaltsamen Übergriffe und Zerstörungen konnten daraufhin die Zehntabgaben nicht mehr erbringen, weshalb ihnen durch die Grundherren der Hof gepfändet wurde. 1715 musste der einzige Lehrer 140 Kinder betreuen, 1797 sollen es 313 Kinder aller Altersgruppen in einem einzigen Schulraum gewesen sein. 1723 erfolgte die Renovierung der Kirche und in den Jahren 1739 bis 1741 wurde der obere Teil des Rathauses in der Marktstraße neu erbaut. 1713 gab es mit dem „Ochsen" nur noch eine einzige Schildwirtschaft im Ort, 1740 kam der „Rappen" hinzu und 1768 der „Hirsch". Die Universität Tübingen ließ 1756 den Neubau des heutigen Pfarrhauses errichten.
Die Einwohner Feuerbachs klagten 1770 über die Fronarbeiten für den Herzog Karl Eugen: *„Wir müssen im Jahr 120 bis 130 Tag Frondienste prästieren, wodurch wir unsere eigenen Feldgüter öfters vernachlässigen, ja öd und wüst lassen, ja Taglöhner ums Geld anstellen müssen, zumal im Heuet und zu Ernt- und Herbstzeiten."* So waren die Bauern etwa gezwungen, beim Bau des Schlosses Solitude und bei der herzoglichen Hofhaltung zu fronen und sich bei Hofjagden mit Hunden als Treiber zu beteiligen. 1772 erfolgte der Umbau der alten Zehntscheuer. Um besitzlosen Bewohnern Land zukommen zu lassen, wurden 1777 bis 1779 in Gemeinschaftsarbeit über 61 ha Land auf verschiedenen Teilen der Markung gerodet und unter den Berechtigten zum Anlegen von Klee- und „Grumbihrenländern" verlost. Darunter waren die größten Teile auf der Frauenberger Heide, dem Killesberg und Sonnenberg, die hauptsächlich als Weingärten bestellt werden sollten. 1789 erfolgte der gründliche Umbau der Kirche, das Schiff wurde erneuert und nur der veränderte Turm und der Taufstein von 1423 blieben stehen. 1789 ließ die Landesherrschaft die Kelter neu bauen. 1796 und 1800 gab es erneut Franzoseneinfälle.
Die um 1790 in Betrieb genommenen Werksteinbrüche auf der Heide schufen neue Arbeitsplätze, die aber im Winter entfielen. Die bis dahin herrschaftliche Kelter konnte 1834 von der Gemeinde gekauft werden.

Bauern mit ihren Hunden als Treiber

Durch die Jahrhunderte

Eigentliche Abbildung des Franzœischen Mordbrenners de Melacc etc:

auszuhelfen hatten. 1568 entstand wahrscheinlich der erste Rathausbau. Das 17. Jahrhundert sollte eines der unheilvollsten für Feuerbach werden. Schon 1593 trat in Feuerbach eine Pestepidemie auf, an der allein im September 132 Einwohner starben, 1594 starben weitere 301 Personen, ganze Sippen wurden ausgelöscht. Zwischen 1611 und 1623 erfroren die Weinberge dreizehnmal. Nach Beginn des Dreißigjährigen Kriegs 1618 wurde Feuerbach von einquartiertem Kriegsvolk und Flüchtlingen überschwemmt. Allein im Jahr 1626 starben an Hunger und Pest 109 Menschen. Nach der verlorenen Schlacht bei Nördlingen 1634 suchten immer wieder marodierende kaiserliche Soldaten Feuerbach heim, die den Ort ausplünderten und die Häuser in Brand setzten. Den Einwohnern blieb nur die Flucht. Der evangelische Pfarrer Cellius wurde „umbgejaget wie ein Hirsch im Wald" und starb, kurz nachdem er die schützenden Mauern von Esslingen erreicht hatte. Mangels Zugvieh konnten die Felder nicht mehr bestellt werden. Die Menschen hungerten und aßen Gras, Rüben, ja Hunde und Katzen. In den Jahren 1634 und 1635 starben in Feuerbach an der Pest 527 der verbliebenen 900 Einwohner. Im Jahr 1643 berichtet der Stuttgarter Vogt, dass der Flecken Feuerbach infolge des Krieges ruiniert und nicht mehr bewohnt sei. Die Einwohner seien gestorben oder geflohen.
Erst 1648 fand der grausame Krieg sein Ende. Die Felder und Weinberge waren in den Kriegsjahren verwahrlost, in den Wäldern streunten Wolfsrudel. 1661 zählte Feuerbach wieder 443 Einwohner; die Lehrer konnten jedoch von ihrem Amt nicht leben, weil es zu wenige Schulkinder gab. 1680 wurde der Kirchhof aufgegeben und ein neuer Friedhof an der Straße nach Weilimdorf angelegt. Im pfälzischen Erbfolgekrieg besetzten und brandschatzten 1688 die französischen Truppen Ludwigs XIV. auch die Städte und Dörfer Württembergs. Das Land war schutzlos, weil die württembergischen Kreistruppen zu dieser Zeit in Ungarn gegen die Türken kämpften. Besonders berüchtigt wegen seiner Brandschatzungen war der französische General Mélac. Auch Feuerbach wurde ausgeraubt und die Weinberge wurden verwüstet. 1692, 1693 und 1707 gab es wieder Ausplünderungen durch französische Soldaten, die Bewohner mussten erneut fliehen. Die Soldaten tranken die Keller leer und was sie nicht trinken konnten, ließen sie in die Keller laufen.

Die Geschichte von Feuerbach

Schwere Zeiten

Um sich von den drückenden Herrschaftsverhältnissen zu befreien, beteiligten sich 1514 auch Bauern aus Feuerbach an dem Aufstand des „Armen Konrad" und am Bauernkrieg. Gemeinsam mit ihren Bundesgenossen zogen sie bewaffnet nach Stuttgart.
Der in der Festschrift zur Stadterhebung 1907 und in der Stadtgeschichte von Oswald Hesse genannte Bauernführer Mattern Feuerbacher war allerdings trotz seines Namens kein Feuerbacher Bürger, sondern Wirt und Ratsherr aus Großbottwar. Drei der aufständischen Bauern aus Feuerbach – Michael Kayser, Jerg Bofinger und Hans Reissing – hatten, obwohl dies streng verboten war, ohne Wissen und Erlaubnis der Amtsleute eine heimliche Versammlung in Feuerbach abgehalten. Sie wurden ins Gefängnis gesteckt, nach Schwörung der Urfehde nach einiger Zeit aber wieder freigelassen. Weitere Teilnehmer des Aufstands wie Conrad Link und Jörg Siglin konnten fliehen. Sie alle wurden mit Geldstrafen belegt und das Tragen einer Waffe wurde ihnen für alle Zeiten untersagt,

Aufständischer Bauer mit Freiheitsfahne

nur ein abgebrochenes Brotmesser durften sie noch behalten. Bofinger, der in Feuerbach etliche Morgen Äcker, Wiesen und Weinberge besaß, wurde 1531 in Stuttgart vermutlich wegen Wiedertäuferei erneut ins Gefängnis gesteckt; 1540 erschien er aber – nun wieder bewaffnet – auf der Feuerbacher Musterungsliste. 1534 wurde nach der Rückkehr von Herzog Ulrich in Feuerbach wie im ganzen Land die Reformation eingeführt. Der erste namentlich bekannte Pfarrer, Johannes Sartor, trat 1556 sein Amt an. Um 1570 wurde die erste Volksschule eingerichtet, der erste bekannte Lehrer war seit 1581 Johann Heinrich Sartor, der Sohn des Pfarrers. Ursprünglich wurde der Unterricht nur im Winter abgehalten, weil die Kinder das Jahr über auf den Feldern und im Weinberg mithelfen mussten. Erst 1653 wurde die Sommerschule eingeführt. Während der Glaubenskriege fielen 1549 zweimal spanische Truppen ein und verwüsteten den Ort. Im Forstlagerbuch von 1556 ist niedergelegt, dass die Feuerbacher bei Hofjagden zu fronen und mit Hunden

Ein Grundherr lässt einen Bauern von seinem Verwalter vom Hof jagen – um 1520.

Was die Flurnamen bedeuten

Steinstraße: Die Steinstraße war die bereits von den Römern befestigte Fernstraße.

Zuffenhäuser Weg – Korntaler Weg – Weilemer Weg: Hinweise auf die wichtigsten Verbindungswege zu den Nachbarorten.

Horn – Wanne – Riemenäcker: Die Namen beschreiben die äußere Form des Grundstücks – das Horn liegt unter der Spitze (Horn) des Lembergs, die Wanne bezeichnet ein wannenartiges Gelände, die Riemenäcker waren schmal wie Riemen.

Föhrich-Äcker/Föhrich: Nach dem Föhrich (Wäldchen) an der Weilimdorfer Grenze.

Burghalde – Schloss – An der Burg – Frauenberger: Bezeichnen den Platz der Burg und den umliegenden Besitz der Frauenberger, den ehemaligen Feuerbacher Ortsherren.

Mühlwasen/Mühlgasse: Erinnern an die einstige Feuerbacher Mühle, die bereits um 1300 genannt wird.

Fleckenweinberg – Sonnenberg: Die am nächsten beim Flecken (dem Ort) gelegenen Weinberge.

Pfostenwäldle: Dieses Wäldchen lieferte das Holz für die Weinbergpfosten.

Im Trieb/Triebweg: Der Weg, auf dem das örtliche Vieh auf die Waldweide getrieben wurde.

Heilgenweingarten – Heiligenberg – Pfaffenäcker: Besitz der Ortskirche, der verpachtet wurde, um von seinem Ertrag die Kirchenpflege zu gewährleisten.

Hattenbühl: Der Hügel des Hatto; auch Felschle und Buß sind Familiennamen, die in Feuerbach bereits um 1300 auftreten.

Walpenreute: Der Begriff Reute deutet immer darauf hin, dass hier zur Erlangung von bebaubarem Land der Wald gerodet wurde.

Kohlgrube: Der Name erinnert an den vergeblichen Versuch des Hofbaumeisters Schickhardt, 1633 im Auftrag des Herzogs in Feuerbach nach Steinkohlen zu graben.

Siegelberg: Ursprünglich der Ziegelberg, wo Ziegel gebrannt wurden.

Die Seestraße an den Seewiesen: Erinnert an den einst am Seedamm an der tiefsten Stelle der Gemarkung aufgestauten See.

Bebenhäuser – Pfullinger: Namen der besitzenden Klöster.

Eychgraben/Eychstaffel/Auf der Eyche: Hinweise auf den einst vom Föhrich kommender Bach, der durch die Eichwiesen zum Dorf floss.

Heimenäcker/Heimberg: Leiten sich ab von den Heimen (Stieren), die getrennt von den Kuhherden weideten.

Hohewart: hoch gelegener, aussichtsreicher Wachtposten.

Die Geschichte von Feuerbach

genannt. Die Dorfbewohner hatten für die ihrem jeweiligen Grundherrn gehörenden Höfe abwechselnd zu „fronen", also unentgeltlich Arbeit zu verrichten. Die Waldrechte (Holz und Jagd) gehörten dem hohen Adel – dies bedeutete, dass im großen Feuerbacher Forst nur die württembergischen Grafen und Herzöge jagen durften. Allerdings hatten die Feuerbacher das seit 1474 verbriefte Recht, im Feuerbach zu fischen.

Bauer beim Traubentreten

Die Bauern mussten jeweils ihren Zehnten an die verschiedenen Herren des Ortes und an die Kirche entrichten. Auch die Weingärtner arbeiteten nur noch als Pächter ihrer Grundherren. Den Alltag regelte eine Gemeindeordnung, die 1494 in einem in einer Abschrift erhaltenen „Weistum" erneuert wurde. An der Spitze der Verwaltung stand der von der Dorfgemeinschaft gewählte Schultheiß, dem der von der Herrschaft ernannte Amtmann gegenüber stand. Gemeindediener waren der Büttel, der Wengertschütz und die Kuh-, Schaf- und Schweinehirten. Ein Umgelter zog die Schanksteuern ein. In der öffentlichen Badstube am Mühlrain waltete der Bader, der gleichzeitig Barbier, Dorfarzt und Chirurg war.

Das Dorf war von einem befestigten Hag umgeben, der wahrscheinlich wie üblich aus Feldsteinen und zusammengesteckten Holzknüppeln bestand und dessen Tore zur Nacht verschlossen wurden.

Zu Feuerbach gehörte anfangs auch der Ausbauort Botnang, dessen Bewohner in die Feuerbacher Kirche eingepfarrt waren. Stand eine Taufe, Hochzeit oder Beerdigung an, mussten sich die Botnanger auf den weiten Weg nach Feuerbach machen. 1483 bekam Botnang auf Drängen der Bewohner endlich eine eigene Kirche, aber erst 1630 konnte sich die Tochtersiedlung endgültig von Feuerbach lösen. Ab 1561 gehörte Feuerbach über Jahrhunderte zum Amt Stuttgart.

Die Universitätspflege Tübingen (1477–1825)

Als Graf Eberhard im Bart 1477 die Universität Tübingen gründete, musste er für dieses Institut zunächst einmal eine materielle Basis schaffen. Zu diesem Zweck löste er das Chorherrenstift Sindelfingen auf, die Stiftsherren zogen als Professoren nach Tübingen. Der große Grundbesitz des Stiftes – zu dem auch 120 ha Grund in Feuerbach gehörten – ging ebenfalls an die Universität über. Seither wurde dieser Feuerbacher Besitz mit seinen Erträgen von einem Universitätspfleger im Bandhaus in Feuerbach verwaltet. Der Feuerbacher Wein war ein hochgeschätzter Teil der Besoldung der Tübinger Professoren. Noch bis 1919 wurde die Besetzung der Pfarrstelle der Mauritiuskirche durch die Universität bestimmt, die dafür gerne ihre Magister schickte. Allerdings scheint diese Stelle nicht ganz einfach gewesen zu sein: *„Wer es in Feuerbach ein Jahr aushält, der kann in der ganzen Landeskirche eingesetzt werden"*, hieß es damals.

Die Universitätsstadt Tübingen nach Matthäus Merian – 1620

Durch die Jahrhunderte

Leben im Dorf

Das heutige Pfarrhaus steht an der Stelle, an der sich einst das Herrenhaus und der fränkische Maierhof (später Widumhof) befanden. Das Bandhaus, die Zehntscheuer, das Pfarrhaus und die Pfarrscheuer bildeten damals einen geschlossenen Pfarrhof unmittelbar neben Kirche und Kirchhof.

Um das Jahr 1000 herum wurde – wahrscheinlich durch Mönche – in Feuerbach der Weinbau eingeführt, der von da an neben der Feldwirtschaft die wirtschaftliche Grundlage der Dorfbewohner blieb. 1356 gab es in Feuerbach drei Keltern: Beim alten Rathaus stand der Vorgänger der heutigen Kelter mit sechs Kelterbäumen zum Abpressen der Trauben. In der „Kleinen Kelter" im Erdgeschoss des altes Rathauses fanden sich noch zwei weitere solcher „Böhm" oder „Torkeln", wie diese gewaltigen, aus Eichenbäumen gefertigten Pressen genannt wurden. Eine weitere Kelter stand in den Weinbergen der „Beinde" unterm Lemberg. Die Weingärtner waren jeweils an die Kelter ihres Grundherrens „gebannt", dessen Weinberge sie bebauten. So konnte dieser kontrollieren, dass ihm jeweils sein Weinanteil abgeliefert wurde. Erst um 1835 gingen die Keltern in den Gemeindebesitz über. Hatte Feuerbach um 1850 noch 143 ha Weinberge, ist deren Grundfläche inzwischen auf ein Zehntel zusammengeschmolzen.

Feuerbach besaß drei Laufbrunnen, den Kirch-, den Märzen- und den Dorfbrunnen (Hirschbrunnen), aus dem die Bewohner ihr Wasser schöpften.

1281 sah sich das Kloster Hirsau in einer wirtschaftlichen Krise dazu gezwungen, seinen Feuerbacher Besitz an das Kloster Bebenhausen zu verkaufen. Durch Rodungen musste das landwirtschaftlich bebaubare Land der

Dieser Holzschnitt zeigt Szenen aus dem Dorfleben um 1500: Im Vordergrund erkennt man eine einfache Schenke, im Hintergrund schlägt ein Schweinehirt für die Mast seiner Herde Eicheln vom Baum. Das Dorf ist zum Schutz vor Wild mit einem geflochtenen Zaun umgeben.

Gemeinde den ständig steigenden Einwohnerzahlen angepasst werden. So entwickelte sich das ursprünglich noch von viel Wald geprägte Feuerbacher Tal zum fruchtbaren Kulturland. Ein wesentlicher Fortschritt war die Einführung der Dreifelderwirtschaft, in der das Land im jährlichen Wechsel mit Winter- und Sommerfrucht bebaut wurde und dann ein Jahr brach lag.

Etliche Familien sind bereits seit Jahrhunderten in Feuerbach ansässig. So finden sich in Urkunden von 1416 und 1545 schon in alter Form die heute noch weitverbreiteten Namen Meier, Geiger, Widmann, Weischedel, Gerlach und Mößner.

Besitzverhältnisse unterschiedlicher Herren regeln den Alltag

Schon vor 1300 gab es in Feuerbach drei größere Gutshöfe, den Herrenhof der Frauenberger, den Widumhof (auch Heiligenhof) der Kirche und den Bebenhäuser Hof des gleichnamigen Klosters. Später kamen noch der Vliesenhäuser Hof und der Benninger Hof hinzu. Diese Höfe wurden im Auftrag der Besitzer von Hofmaiern betrieben. Zu den Herrenhöfen gehörte fast die Hälfte der besten Grundstücke der Feuerbacher Markung. Die Bachmühle, zwischen Mühlkanal und Feuerbach gelegen, wurde schon um 1300 als Besitz der Frauenberger

Die Geschichte von Feuerbach

Raubritter überfallen einen Kaufmannszug – Darstellung aus dem 19. Jahrhundert.

Nachdem die Frauenberger in männlicher Linie ausgestorben waren, fiel ihr Besitz an die verschiedenen adeligen Schwiegersöhne und ihre Nachkommen wie Machtolf von Gültstein (1391), Peter von Helmstatt (1392), Burkhardt von Höllenstein (1399), Conrad und Bernhard von Winterstetten (1442), Hans und Eucharius von Venningen (nach 1445) und Martin und Eberhardt von Hüselstein (vor 1481). Nicht nur die Burg, sondern auch das noch kleine Dorf Feuerbach wurde deshalb in verschiedene Besitzanteile gestückelt, was zu vielen Spannungen und Streitereien führte. Durch diese Erbteilung verarmt, versuchten die auf Frauenberg sitzenden Ritter Peter und Wilhelm von Helmstatt 1391 als Raubritter ihren Besitz zu vermehren. So überfielen sie die Wagen durchziehender Kölner Kaufleute und brachten das Raubgut auf ihre Burg. Die Kaufleute sperrten sie ins Verlies des Frauenbergs, um Lösegeld zu erpressen. Der württembergische Graf Eberhard der Greiner, der seine Zolleinnahmen aus dem Warenverkehr gefährdet sah, nahm daraufhin die Burg der räuberischen Vettern ein und stellte so den „Landfrieden" wieder her. Nachdem 1396 das Chorherrenstift Sindelfingen schon die Hälfte des Frauenberger Besitzes in Feuerbach übernommen hatte, wurde der restliche Teil 1481 an die Württemberger Grafen verkauft. Nach dem Abzug der Bewohner war die Burg dem Verfall preisgegeben. Herzog Christoph ließ 1567 den Bergfried und die Mauern der Burg abbrechen und die Steine zur Ummauerung der Stadt nach Stuttgart transportieren.

Erst 1971 stieß man bei Bauarbeiten im Gewand „Schloss" wieder auf die Grundmauern und Gräben der Burg Frauenberg. Leider wurde eine geforderte archäologische Ausgrabung nicht durchgeführt und der größte Teil des Geländes inzwischen überbaut. Wenigstens der Stumpf des Burgfrieds mit alten Steinmetzzeichen konnte in einer kleinen Grünanlage gesichert werden. Das geteilte Wappenschild der Frauenberger in Rot und Silber ging später in das Feuerbacher Stadtwappen mit ein.

Reste der Burg Frauenberg

Durch die Jahrhunderte

Feudalherren schwingen sich auf

Im Mittelalter wurden aus den einstigen Dorfältesten Feudalherren, die sich über die Dorfbewohner erhoben. Sie verpachteten die Ortsmarkung als ihren persönlichen Besitz an die nun unfreien „Hintersassen" und erzwangen von ihnen Abgaben und Fronarbeiten. Zum Symbol ihrer hoheitlichen Macht und zur Verbesserung ihrer Sicherheit zogen sie meist in Höhenburgen außerhalb des Dorfes, die sie sich von ihren Untertanen in jahrelangem Frondienst erbauen ließen. So wurden aus den Herren von Feuerbach die Frauenberger, die sich nun nach ihrer Burg nannten und wiederum den auf dem Asperg sitzenden Glemsgaugrafen unterstanden. Die Herrschaft dieser Ortsherren war allerdings begrenzt, weil die Klöster Hirsau und Bebenhausen ebenfalls über Besitz in Feuerbach verfügten. Über dem Feuerbach steigen südlich die Talhänge mit ihren Gärten steil zur Feuerbacher Heide empor. An der oberen Kante dieses Steilhangs, am Schlossberg, erhob sich die 1241 erstmals erwähnte Burg Frauenberg. Der Name „Frauenberg" könnte sich aus einem heidnischen Hulda-Heiligtum ableiten, das in christlicher Zeit in eine Marienkapelle umgewandelt wurde. Die ehemals zur Burg gehörenden Weinberge werden heute noch „Burghalde" genannt. Die Feuerbacher Heide hieß früher die „Frauenberger Heid". Die Ritter vom Frauenberg besaßen neben dem Gebiet von Feuerbach auch noch Botnang und Zazenhausen.
Als 1287 Rudolf von Habsburg Stuttgart belagerte, zerstörte er die um Stuttgart liegenden Burgen, darunter auch die Burg Frauenberg, die danach aber wieder aufgebaut wurde.
An der Burg vorbei führte die uralte Steige (Feuerbacher Weg), die ins Stuttgarter Tal führte. Der erste namentlich bekannte Burgherr war Wolfram von Frauenberg. Der größte Herrenhof im Dorf versorgte die Burgherren, die auch die erste Kelter und die Mühle betrieben. Die von der Herrschaft gestiftete Kirche diente als deren Grablege. Die nicht verheirateten Töchter der Frauenberger wurden in das Kloster Weiler bei Esslingen gesteckt.

Zehntabgabe der Bauern an den Grundherren

So könnte Feuerbach um 1450 ausgesehen haben.

17

Die Geschichte von Feuerbach

In einer Urkunde aus dem Codex Hirsaugiensis von 1075 wird Feuerbach erstmals als Biberbach genannt. Diese Urkunde existiert nur noch in einer Abschrift aus dem 15. Jahrhundert (siehe nebenstehende Abbildung).

Erste Nennung als Biberbach

Der Feuerbach entsteht durch den Zusammenfluss dreier Bäche vom Birkenkopf am Ortsausgang von Botnang. Er fließt von dort durch das von Wald gesäumte Feuerbacher Tal zum nach dem Bach benannten Ort Feuerbach, um über Zuffenhausen, Zazenhausen und Mühlhausen in den Neckar zu münden. Zeitweise bildete der Wasserlauf sogar die Grenze zwischen Schwaben und Franken und wurde deshalb auch Frankenbach genannt.

Der Ort Feuerbach wurde erstmals 1075 in einer Schenkungsurkunde des Grafen Adalbert II. von Calw als „Biberbach" erwähnt. In dieser Urkunde verfügt der Graf die Schenkung der halben Kirche und einer Hube (wahrscheinlich der Widumhof) an das Kloster Hirsau. Für die folgenden Jahrhunderte sind verschiedene Nennungen des Ortes überliefert: 1160 wird der Ort Buwirbach, 1275 Vurbach, 1277 Fiwerbach, 1477 Fuerbach und 1673 Feyerbach genannt. Erst 1851 wurde der Name „Feuerbach" festgelegt. Heute bezweifelt man die Herkunft des Namens vom Nagetier Biber, aber auch der Begriff Feuer führt in die falsche Richtung. Namensgebend sei – so die Forschung – der keltische Wortstamm „bivar" (sich schnell bewegend) für den das Tal durchfließenden Bach. Dafür spricht, dass die meisten unserer Flussnamen keltischen Ursprungs sind und das Feuerbacher Tal schon während der Keltenzeit besiedelt war.

Die Urmarkung von Feuerbach reichte einst von der heutigen Heilbronner Straße bis zum Bärenbach (heute Bärensee). Als sich im Mittelalter die Herrenfamilie auf ihre Burg Frauenberg zurückzog, saß im Fronhof in Feuerbach nur noch deren Gutsverwalter (Fronmaier). Die Dorfherren stifteten schon in früher Zeit die Mauritiuskirche und den Widumshof zu deren materieller Ausstattung mit Äckern und Wiesen. Der hl. Mauritius als Namenspatron der Kirche von Feuerbach deutet auf eine erste Gründung in der frühen alamannischen Christianisierungszeit um 700 hin. Die Feuerbacher Kirche wurde in ihrer Geschichte mehrmals erneuert und zur Wehrkirche umgebaut, hinter deren hohen Mauern die Einwohner des Dorfes in Kriegszeiten Schutz fanden. Um die Kirche lag der Kirchhof als allgemeine Begräbnisstätte. Wahrscheinlich gab es noch eine Burgkapelle der Frauenberger.

Durch die Jahrhunderte

Feuerbach in der Kieser'schen Forstkarte von 1680

Das Dorf im 19. Jahrhundert

Feuerbach 1862 – Aquarell von Julius Steinkopf

Die Geschichte von Feuerbach

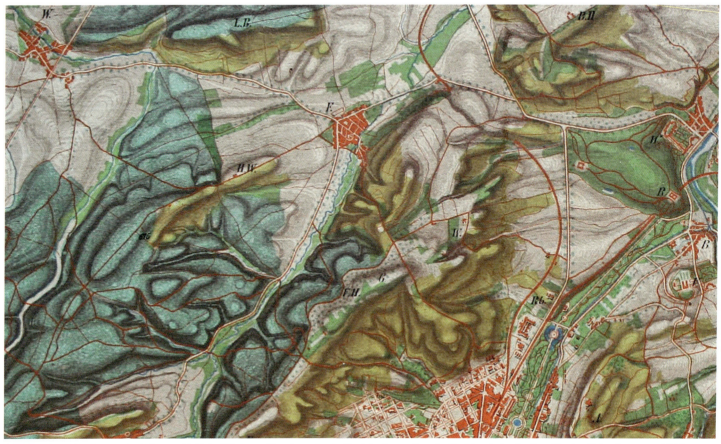

Zwischen Feuerbacher Heide, Kräherwald, Hohe Warte und Lemberg erstreckt sich das noch weitgehend unbebaute Feuerbacher Tal – Karte um 1866.

Die fast ausschließlich von der Landwirtschaft und dem Weinbau lebende Dorfbevölkerung war auch im 19. Jahrhundert ständig durch die Unbilden der Natur bedroht. So fiel etwa im völlig verregneten Jahr 1816 die Ernte beinahe vollständig aus. Teuerung und Hunger waren die Folge, so dass die Menschen sich von Gras, Klee, Kleie und Pferdefleisch ernähren mussten. Zwischen 1815 und 1860 wanderten vor allem wegen Armut viele Feuerbacher aus, zuerst nach Polen und Russland, später fast nur noch in die USA. Bis Ende des Jahrhunderts war die Mehrzahl der Einwohner noch Weingärtner, die nebenher meist eine kleine Landwirtschaft betrieben. Allerdings bearbeiteten sie noch immer fremden Besitz. Erst nach der Revolution von 1848 war es nach vielen Eingaben möglich, die jährlichen Naturalabgaben durch Geldzahlungen abzulösen. Nach Abzahlung von zwanzig Jahresraten wurden die Weingärtner nach vielen entbehrungsreichen Jahren endlich zu Eigentümern ihrer Grundstücke. Die Ernten blieben zwar sehr unregelmäßig, aber in guten Jahren konnte man den Sylvaner und Trollinger im Fass an Kunden in Stuttgart und an Wirtschaften in der Umgebung verkaufen.

Das Dorf im 19. Jahrhundert

Uhland in Feuerbach

C. F. Dörr: Der junge Ludwig Uhland (1787–1862)

Das Feuerbacher Pfarrhaus mit dem einstigen Pfarrgarten

Der junge Dichter Ludwig Uhland trat nach seinem Juraexamen 1812 eine erste undotierte Stelle im Stuttgarter Justizministerium an. In dieser Zeit wanderte er häufig über den Berg nach Feuerbach. Dort kehrte er ein im Pfarrhaus, wo sein Onkel Johann Georg Schmied von der Universität Tübingen als Gemeindepfarrer eingesetzt worden war. In seinem Tagebuch berichtet Uhland von den schönen Stunden im Pfarrgarten, die ihn zu Gedichten inspirierten, aber auch von den Begegnungen mit den Dorfbewohnern. Später brachte er auch seine Braut Emma mit, die in Feuerbach ebenfalls herzlich aufgenommen wurde. Die Besuche endeten erst mit dem Tod des Onkels im Jahre 1820.

Uhlands Weg von Stuttgart führte ihn über die noch unbebaute Höhe der Feuerbacher Heide.

Die Geschichte von Feuerbach

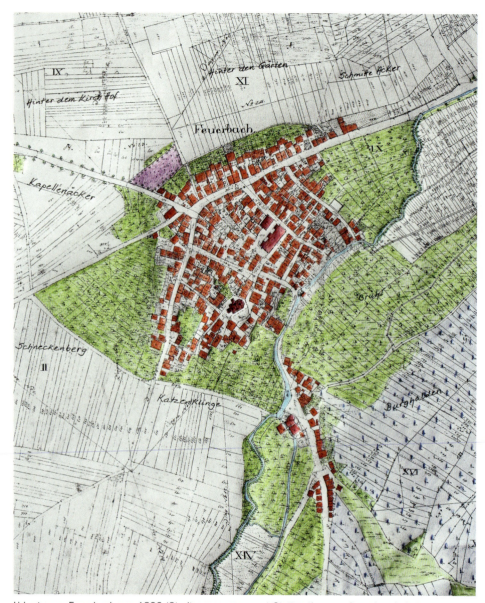

Urkarte von Feuerbach von 1826 (Stadtvermessungsamt Stuttgart) – vom Autor bearbeitet

Alte Schmiede beim Mohrenhof

Mohrenhof

Auf diesem ersten präzisen Ortsplan erkennt man deutlich die noch heute wichtigen Hauptstraßen: oben links die baumbestandene Straße von Weilimdorf, die wie die Straße aus Botnang in die Stuttgarter Straße einmündet. Diese durchquert als Fortsetzung der Römerstraße von der Hohen Warte den Ortsrand in Richtung Prag. Drei Zwerchgassen teilen den Ortskern, wo die Kirche, die Kelter und das daneben liegende Rathaus gut zu sehen sind. An der Einmündung des Mühlbaches in den Feuerbach liegt die Mühle. Abgesondert vom Dorf reihen sich an der nach Stuttgart führenden Steige kleine Weingärtnerhäuschen auf. Mittelalterlich geprägt war das Viertel um die Dorfkirche mit seinen Fachwerkbauten, Höfen und der alten Schmiede. Hinter den an den Straßen liegenden Gebäude lassen sich noch viele Anbauten, Scheuern und Ställe ausmachen. Das Dorf ist umgeben vom Grün der Gemüsegärten und Streuobstwiesen, zur Burghalde ziehen sich die steilen Hänge der Weinberge. Die Äcker sind durch ständige Erbteilungen schon zu schmalen „Riemenäckern" geschrumpft.

Das Dorf im 19. Jahrhundert

Alltag im Dorf

Obwohl die Zahl der Bauern in Feuerbach stetig sank, verarmten diese zusehends, weil durch jahrhundertelange Erbteilung die einstigen Gutshöfe in viele kleinbäuerliche Betriebe aufgeteilt worden waren. Die meisten Anwesen hatten inzwischen unter einem Hektar Grundfläche, nur wenige Großbauern, die sich jetzt Ökonomen nannten, besaßen größere Güter. Der technische Standard war zudem sehr niedrig: Das Getreide wurde noch mit der Sichel geerntet und in den Wintermonaten auf der Tenne mit dem Dreschflegel gedroschen.

Am Mühlwasen waren die Gänse und Enten zu Hause. Diese Bleistiftzeichnung soll ein fahrender Künstler 1858 für ein Mittagessen in einem Feuerbacher Wirtshaus angefertigt haben.

Der 1768 eröffnete Gasthof Hirsch in der Stuttgarter Straße war eines der ältesten Schildwirtshäuser Feuerbachs. Davor sprudelte zur Versorgung von Mensch und Tier mitten auf der Straße der Hirschbrunnen, der sein Wasser über hölzerne Deichelrohre von der Hohen Warte bekam – Foto um 1875.

Die Marktstraße führte zum Rathaus und zur Kelter. Das Rathaus soll an dieser Stelle schon 1445 gestanden haben, es wurde allerdings im Laufe der Geschichte mehrmals umgebaut und erweitert. Erst 1944 wurde es bei einem Luftangriff völlig zerstört. Schräg gegenüber lag der schon 1330 urkundlich erwähnte „Bebenhäuser Hof".

Die Geschichte von Feuerbach

In der Kelter standen noch bis Ende des 19. Jahrhunderts die aus dicken Eichenstämmen gebauten Kelterbäume zum Abpressen der Trauben.

Müller Baitinger mit seiner Familie und dem Heuwagen vor seiner Scheuer am Mühlwasen – um 1900

Dieser in der Sonntagstracht aufgeputzte Feuerbacher Bursche hat sich sehr wahrscheinlich für seine Braut fotografieren lassen.

Das Dorf im 19. Jahrhundert

Das Haus des Hufschmieds Bauer in der Stuttgarter Straße wurde nach einer Zwangsenteignung 1906 abgerissen, weil man die Marktstraße neben dem Gasthaus Hirsch durchbrechen wollte.

Die Marktstraße ist nun durchgebrochen. In der Mitte des Platzes erkennt man den Hirschbrunnen als Pferdetränke.

„Zur wärmeren Jahreszeit öffneten sich innerhalb des Etters gegen 7 oder 8 Uhr abends die Pforten der Viehställe und wurden sodann deren Insassen, Kühe und Pferde, zur Tränke getrieben, die sich in der Hauptstraße, dem Gasthaus ‚zum Hirsch' gegenüber, befand. Nachdem das Vieh dort getrunken hatte, wurde es meist sich selbst überlassen, indem man von der Ansicht ausging, dass es seinen Weg in den Stall selbst finden werde, was auch meist der Fall war. Auch die Gänse wurden morgens aus ihren Behausungen auf die Straße gelassen; dieselben nahmen in der Regel bald den Weg nach der Wette oder auf den Mühlwasen und nachdem sie sich dort ihres Daseins im weiteren erfreut hatten, watschelten sie gegen Abend ihrem Heim wieder zu. Mitten in dieser landwirtschaftlichen Idylle erschien nicht selten der einzige Polizeidiener des Orts, eine Glocke kräftig schwingend, in den Straßen, worauf die Anwohner ihre Köpfe aus den Fenstern streckten und auf der Straße jung und alt ruhig stehen blieb: denn was er verkünden werde, musste jeder hören."

Aus Oswald Hesse: Geschichte von Feuerbach (1909)

Links Mitte:
Die steile Solitudestraße (heute Hohewartstraße) war lange geprägt von Fuhrwerken und Handwagen; trotzdem ermahnte schon ein Schild zum langsamen Fahren – 1893.

Links unten:
Das alte Rathaus stand unmittelbar neben der Kelter. Nach dem Umzug ins neu errichtete Rathaus diente es als Mädchenarbeitsschule.

Die Geschichte von Feuerbach

Die Stadtkirche vor dem Umbau mit dem Eingang an der Rückseite

Ursprüngliche Inneneinteilung mit dem Altar an der Längsseite

Die Stadtkirche

Die erste Erwähnung der auf einem kleinen Hügel über dem Feuerbacher Tal liegenden Kirche erfolgte im Jahr 1075. Mit Sicherheit war sie als Holzkirche aber bereits Jahrhunderte vorher gegründet worden. Aus der Zeit von 1350 stammt das noch erhaltene gotische Maßwerkfenster im Turm, der heute noch benutzte Taufstein ist auf 1463 datiert. Die einstmals hohen Mauern der Wehrkirche sollten die Einwohner Feuerbachs in Kriegszeiten schützen. 1534 wurde hier der erste evangelische Gottesdienst in Feuerbach abgehalten. Die heutige Kanzel stammt vom Umbau 1715, 1725 wurde die erste Orgel eingebaut. 1789 hat man das Kirchenschiff vollkommen erneuert und auf den Turm anstelle des Krüppelwalmdachs eine barocke Haube gesetzt. Lange kannte man nicht einmal den Kirchenpatron, bis der Pfarrer Richard Kallee herausfand, dass es sich dabei um den hl. Mauritius handeln muss. Der „heilige Moritz" war der Legende nach ein römischer Legionär aus Ägypten, der zur Christenverfolgung nach Gallien versetzt worden war. Dort starb er den Märtyrertod, weil er seine Legion dazu angestiftet hatte, diesen Befehl zu verweigern.
Im Zuge der Stadterhebung 1907 wurde die Mauritiuskirche zur Stadtkirche. 1934 erfolgte erneut ein grundsätzlicher Umbau des Kircheninneren. Der ursprünglich in der Mitte der Längsseite stehende Altar wurde nun wie üblich an die Apsis gestellt und der dortige Eingang auf die Turmseite verlegt. Im Zweiten Weltkrieg schwer beschädigt, wurde die Kirche schnell wieder eingedeckt; der Turm bekam allerdings erst 1956 wieder seine gewohnte Haube. Auch die Kirchenglocken, die in Kriegszeiten mehrfach abhanden gekommen waren, wurden wieder erneuert.

Das Dorf im 19. Jahrhundert

Christian Septimus von Martens:
Steinbruch am Killesberg – 1845

In den Steinbrüchen auf dem Killesberg

Schon in früheren Zeiten hatten sich die meisten Familien nicht alleine von der Landwirtschaft ernähren können, weshalb sie sich nach einem Nebenerwerb umsehen mussten. So ging ein nicht unwesentlicher Teil der Männer als Steinbrecher in die Brüche auf den Killesberg oder sie arbeiteten als Holzfäller. Bereits in der ältesten erhaltenen Gemeindeordnung von 1490 wird eine Ordnung für die Steinbrecher festgelegt. Auf der Feuerbacher Heide, rings um die ehemalige Burg und am aussichtsreichen Killesberg lagen zahlreiche Steinbrüche. Hier brachen die Feuerbacher Schilfsandstein und verkauften ihn als Baustein nach Stuttgart. Die Stiftskirche, die Schlösser und viele Bürgerbauten der Stadt wurden aus dem begehrten Schilfsandstein errichtet. Um 1850 waren die Feuerbacher Steinbrüche mit einer Ausdehnung von 2,2 ha und über 100 Beschäftigten die größten im ganzen Oberamt. Das namensgebende Schilf, das in versteinerter Form als Relikt eines Urmeeres in diesen Steinbrüchen häufig zutage trat, war in Wirklichkeit jedoch ein Überbleibsel von einstigen Schachtelhalmwäldern. Groß war das Erstaunen, als in den Steinbrüchen immer wieder riesenhafte Knochenteile aus der Vorzeit gefunden wurden. Auch wenn die Pfarrer von der Kanzel verkündeten, dies seien die Überreste von Sündern, die bei der Sintflut ertrunken waren, glaubten die meisten Menschen, dass es sich um den sagenhaften „Tazzelwurm" handelte. Diese Funde stammen aus der Triaszeit vor 225 Millionen Jahren, die eine besondere Bedeutung für die Entwicklung der Reptilien und Amphibien hatte. So fand man am Killesberg bis zu 2 m lange Schädel des Urlurches „Mastodonsaurus keuperinus". Die Ausgrabungen haben sicher zu der Sage vom Drachen am Killesberg beigetragen.

Steinbrecher am Killesberg – um 1900

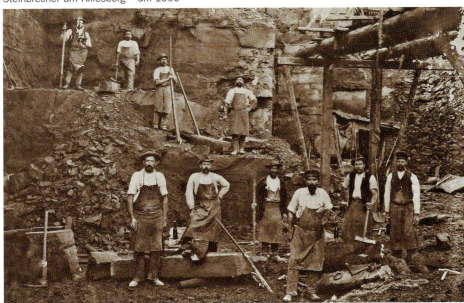

Die Geschichte von Feuerbach

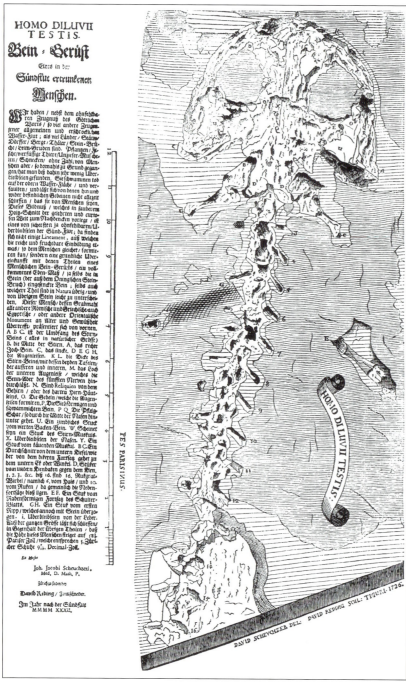

„Bein-Gerüst eines in der Sündflut ertrunkenen Menschen" – Flugblatt von Joh. Jakob Scheuchzer 1726

Die Steinbrecher waren selbstbewusste Männer und hielten für ihre Interessen eisern zusammen. 1890 streikten sie erfolgreich für die Einführung des 11-Stunden-Arbeitstags, also der 66-Stunden-Woche, und nach der Jahrhundertwende setzten sie durch, dass ihnen der Lohn nicht mehr in der Gastwirtschaft ausbezahlt wurde. Aus der Vereinigung der Steinbrecher entstand später die erste sozialdemokratische Gruppierung in Feuerbach. Nach der weitgehenden Ausbeutung der Steinbrüche um 1910 und dem Beginn des Betonbaus wurden die Steinbrüche nach und nach stillgelegt.

Gerlachs Metzgerwägelchen bringt das Vesper.

Am Killesberg gefundener Kopf des Mastodonsaurus keuperinus

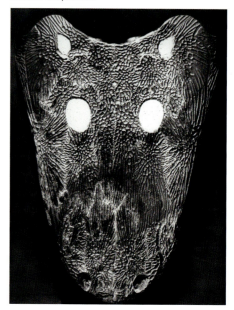

Das Dorf im 19. Jahrhundert

Milch für Stuttgart

Das protestantische Dorf Feuerbach war um 1850 mit 2850 Einwohnern die größte Gemeinde im Oberamt Cannstatt und hatte mit über 600 Kühen den größten Viehbestand. *„Das Vieh wird hauptsächlich der Milch wegen gehalten, wovon täglich von 80 Personen mühselig über den steilen Berg, Gähkopf genannt, nach Stuttgart ungefähr 4 Eimer [1176 Liter] getragen werden, die einen jährlichen Erlös von etwa 20 000 Gulden abwerfen"*, heißt es in der Oberamtsbeschreibung von 1851.

Es war also eine beachtliche Menge, die da von den Frauen und Mädchen tagtäglich, auch am Sonntag, in Kannen bergauf und bergab getragen wurde. Frühmorgens um fünf Uhr traf man sich am Mühlwasen, um miteinander über den Berg in die Residenz zu gehen. In Stuttgart wurde die Milch den Kunden bis vor die Türe geliefert. Als Bonus erhielt man von den „feinen Herrschaften" schon einmal gebrauchtes Bohnenkaffeemehl zum Wiederaufgießen nach Feuerbach mit. Mit mancher Kundschaft schloss man bei Gelegenheit auch Kontakte für eine spätere Beschäftigung, denn die Feuerbacher Mädchen hatten in Stuttgart als Dienstpersonal einen guten Ruf. Und obwohl Feuerbach schon früh an die Bahn angeschlossen wurde, ging

Auf dem Feuerbacher Weg gingen täglich viele Menschen nach Stuttgart und zurück.

man weiterhin zu Fuß über den Berg, um sich das Fahrgeld zu sparen. Nur bei starkem Glatteis musste man die Bahn nehmen. Das Milchtragen, meist mit Hilfe eines „Bäuschle" (Tragekissen) auf dem Kopf, hörte erst auf, als 1909 die Straßenbahnlinie nach Stuttgart fertiggestellt wurde. Noch 1913 waren 57 Milchhändler, meist Frauen, in Feuerbach gemeldet. Die Händler bezogen ihre Milch auch aus den Nachbarorten Weilimdorf und Zuffenhausen. Die Versuchung war groß, die Milch durch Zugabe von Wasser zu verdünnen und damit den Verdienst zu steigern. So liest man in alten Zeitungen regelmäßig von Verurteilungen von Feuerbacher Frauen wegen Milchpanscherei.

Neben Milch wurden auch Gemüse, Obst und Eier auf den Stuttgarter Markt gebracht. Für die Lastträger gab es unterwegs die sogenannten „Gruabbanken" (Ausruhebänke), Steinbänke in verschiedenen Höhen, die nicht zum Sitzen, sondern zum Abstellen und Wiederaufnehmen der Tragelasten gedacht waren. Eine solche Bank steht heute noch an der Hohewartstraße gegenüber der Hohewartschule.

Im Jahr 1895 gingen täglich etwa 500 bis 600 Einwohner Feuerbachs zu Fuß auf dem „Stuttgarter Weg" (ab 1933 hieß er Feuerbacher Weg) nach Stuttgart zur Arbeit, eine Fahrt mit der Bahn war für die meisten immer noch zu teuer.

Häufig wurde die Milch auf dem Kopf getragen.

Gruabbank auf der Höhe des Feuerbacher Wegs

Die Geschichte von Feuerbach

Feuerbacher Dorfzentrum um 1890

Dorf im Umbruch

Die Oberamtsbeschreibung berichtet 1851 über das noch dörflich geprägte Feuerbach: *„Die Einwohner sind im Allgemeinen gutmütig und sehr fleißig, der tägliche Verkehr mit der Hauptstadt übt übrigens nicht den besten Einfluss auf die Ortsangehörigen aus."* Um 1880 hatte Feuerbach bereits 4500 Einwohner. Von 1246 ha Gesamtgrundfläche bestanden 421 aus Wald, 450 waren Äcker und Gärten, 106 Weinberge, 98 Wiesen – gerade einmal 241 ha waren bebaut. Aber nur noch 15 Prozent der Bevölkerung arbeiteten in der Land- und Forstwirtschaft, dagegen waren 60 Prozent in Fabriken beschäftigt oder Handwerker, weitere 9 Prozent waren im Handel und Verkehr tätig.

Im Vordergrund des Fotos sieht man die Weingärtnerhäuser an der Steige nach Stuttgart. Dahinter ist der Schornstein der Mühle am Mühlwasen zu erkennen. Diese musste, als das Wasser des Feuerbaches nicht mehr ausreichte, um das Mühlrad anzutreiben, eine Dampfmaschine aufstellen. Rechts daneben ist die 1888 eingeweihte Bachturnhalle des ersten Feuerbacher Turnvereins zu sehen. Dahinter steht auf der Anhöhe des „Belvedere" die alte Dorfkirche. Hinter den Häusern des alten Ortskerns ziehen sich die Felder noch bis zum Lemberg.

Die Industrialisierung bringt den Aufstieg

Blick vom Schwarzenhof – um 1910

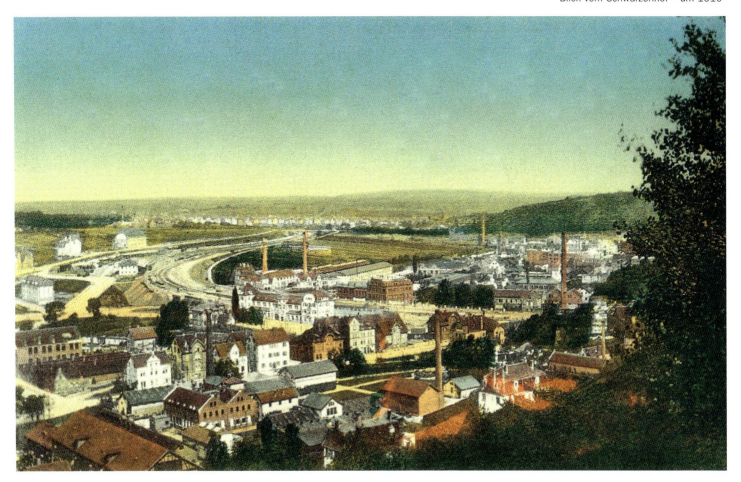

Die Geschichte von Feuerbach

Anschluss an die Bahn

Grundvoraussetzung für die wirtschaftliche Entwicklung Feuerbachs war der bereits 1846 erfolgte Anschluss an die Eisenbahn. In diesem Jahr wurde der erste Bahnhof in Betrieb genommen. Allerdings lag dieser Bahnhof noch relativ weit vom damaligen Ortszentrum entfernt, die Bahn wurde von der Bevölkerung kaum angenommen.

Die erste Firma in Feuerbach war eine 1813 vom Stuttgarter Kaufmann Fischer gegründete kleine Baumwollspinnerei, die aber bald wieder schließen musste. Feuerbachs „Wirtschaftswunder", der Aufstieg vom Dorf zur Industriestadt, begann erst, als sich hier 1863 die Jobst'sche Chininfabrik ansiedelte. Feuerbach wurde bis zur Jahrhundertwende mehr und mehr zum industriellen Ausweichquartier für den beengten Talkessel von Stuttgart, was sich auch in den steigenden Einwohnerzahlen widerspiegelte. Vor allem das noch unbebaute Gebiet zu beiden Seiten der Bahnlinie wurde nun von der schnell wachsenden Industrie erobert. Der Industrie folgten die nach Arbeit suchenden Menschen: Von 1861 bis 1910 stieg die Einwohnerzahl von 2874 auf 14244 Einwohner.

Der alte Feuerbacher Bahnhof von 1872 (abgerissen 1909)

Die Industrialisierung bringt den Aufstieg

Die ersten Fabriken

Im windgünstig gelegenen Osten des alten Kerns von Feuerbach entstand in der zweiten Hälfte des 19. Jahrhunderts eine große, vom Ort weitgehend getrennte Industriesiedlung. Die Nähe zu Stuttgart, die von der Gemeinde durch Vorkauf günstig gehaltenen Bodenpreise und das im Verhältnis zu Stuttgart niedrige Lohnniveau lockten bis 1913 insgesamt 128 Unternehmen herbei. Diese Entwicklung führte zu einer rasanten Ausdehnung Feuerbachs. Die Fabriken ließen sich zuerst hauptsächlich in den unbebauten Flächen zu beiden Seiten der Bahnlinie in der Bahnhofsgegend nieder, während die Wohnplätze an den Berghängen in Richtung Weilimdorf errichtet wurden.

Am Anfang war die chemische Industrie führend. Als Erstes siedelte sich 1863 die Jobst'sche Chininfabrik aus Stuttgart in einem Areal zwischen Stuttgarter und Tunnelstraße an. Diese ging 1927 in der Firma Boehringer, Mannheim auf. 1879 übersiedelte die Druckfarbenfabrik Kast & Ehinger von Cannstatt nach Feuerbach.

Die Chininfabrik Jobst um 1890

Gottlob Schneider brachte 1876 als Erster die Feuerverzinkung aus Frankreich nach Deutschland.

Die Druckfarbenfabrik Kast & Ehinger 1889

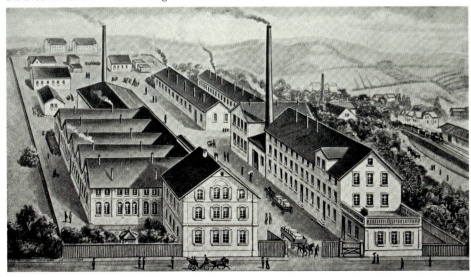

Die Lederfabrik Roser wurde in Stuttgart begründet und zog 1872 nach Feuerbach, wo sie bis 1997 bestand.

Die Geschichte von Feuerbach

Fabriken in der Stuttgarter Straße. Der Feuerbach fließt noch offen am Straßenrand – um 1900.

Wichtige Grundlage der Industrialisierung war der Bau einer Gasfabrik durch den Cannstatter Unternehmer Merkle an der Ecke Heilbronner Straße/Borsigstraße im Jahre 1888.

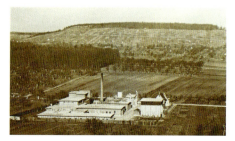

Das fotochemische Werk im Föhrich

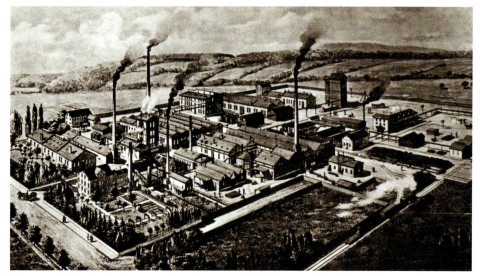

Die chemischen Werke von Hauff entwickelten sich sehr schnell, so dass das Betriebsgelände ständig vergrößert werden musste – Werk an der Stuttgarter Straße.

Die chemischen Werke Julius Hauff, die Salycil- und Karbolsäure herstellten, wurden 1870 in Feuerbach gegründet, ein Zweigwerk für Fotochemie und lichtempfindliche Platten entstand 1901 im Föhrich. Die Errichtung dieses Zweigwerks erklärt auch, warum von Feuerbach schon relativ früh viele Fotoaufnahmen gemacht wurden – diese dienten dem Hauff'schen Unternehmen zu Testzwecken.

Werbung für Leitz-Ordner aus Feuerbach

Die Industrialisierung bringt den Aufstieg

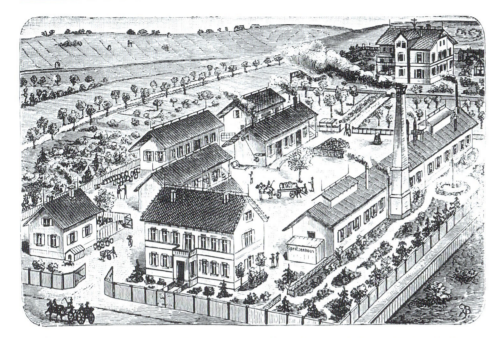

Links: Die Firma Lechler & Sohn, die später von dem Fabrikanten Happold übernommen wurde.

Unten: Lechler-Werbung um 1910

1872 zog die Lederfabrik C. F. Roser von Stuttgart nach Feuerbach, 1873 siedelte sich die Lackfabrik Christian Lechler & Sohn an, 1882 folgte die Maschinenfabrik Georg Kiefer, 1890 die Kupferschmiede August Ziemann, die sich auf Braukessel spezialisierte. 1896 kam die Firma C. Haushahn für Krane und Aufzüge in die Talstraße, 1898 folgte Louis Leitz mit seiner weltbekannten Büromittelfabrik. Erst 1899 übersiedelte die chemische Fabrik von Gustav Siegle offiziell nach Feuerbach, nachdem dieser schon länger an Feuerbacher Firmen beteiligt war.
Werner & Pfleiderer, 1880 in Cannstatt begründet, zog 1906 nach Feuerbach um. Der weltbekannte Backofenhersteller ließ seine Fabrikanlage unterhalb des Siegelbergs erstellen. Nach Bosch war er der zweitgrößte Arbeitgeber in Feuerbach. 1911 nahm die Kühlerfabrik Julius Fr. Behr, bis heute führender Spezialist für Fahrzeugklimatisierung und Motorkühlung, ihre Tätigkeit auf. Die Glasdachfabrik G. Zimmermann kam erst 1919 nach Feuerbach. Die Oehler'sche Papierwarenfabrik ging auf einen Betrieb zurück, der bereits 1865 gegründet worden war.

Die Firma Werner & Pfleiderer wurde erst durch den Aufstieg der Firma Bosch als größter Betrieb in Feuerbach abgelöst.

Die Geschichte von Feuerbach

Einer der Nähsäle

Die Trikotfabrik G. J. Schober wurde 1856 in Stuttgart gegründet. 1894 zog sie in die Feuerbacher Seestraße. Bei ihrem 50-jährigen Jubiläum waren etwa 400 Personen, hauptsächlich Frauen, mit der Herstellung von Trikotunterkleidung beschäftigt. Anlässlich des Jubiläums erschien 1906 ein prächtiges Bilderalbum, aus dem diese Abbildungen entnommen wurden.

Die Arbeiterinnen bei der Mittagspause

Oben: das Bureau

Links: Produktion mit Trikot-Rundstühlen

Unten: Modelle aus dem Verkaufskatalog

Die Industrialisierung bringt den Aufstieg

Links oben: Begann die Feuerbacher Industrie zuerst in der Bahnhofsgegend, dehnte sie sich später immer mehr über den Schienenstrang nach Osten aus.

Links unten: Die Klavierfabrik Richard Lipp & Sohn war eine der wenigen Firmen, die, nachdem sie ihr stattliches Werksgebäude an Bosch verkauft hatte, 1917 wieder nach Stuttgart zurückging.

Die Gemeinde Feuerbach betrieb eine bewusste Bodenpolitik: Weitsichtig hatte sie Gelände an den sumpfigen Seewiesen über der Bahn günstig aufgekauft, um weitere Unternehmen nach Feuerbach zu ziehen. 1907 begann man mit dem Bau von Industriegleisen, die zuletzt mit einer Länge von 23,4 km die längsten im ganzen Lande waren. In Feuerbach siedelten sich viele Firmen an, die sich auf ganz besondere Produkte spezialisiert hatten. So gab es die fotochemische Industrie, mehrere Kupferschmieden und die erste Feuerverzinkerei in Deutschland. Auch war man stolz, dass aus Feuerbach die größte Rundstrickmaschine der Welt kam und der Eiffelturm in Paris mit Farben aus Feuerbach angestrichen worden war. Diese Spezifizierung machte die Feuerbacher Industrie in Krisenzeiten unabhängiger und sicherer.

Die seit 1891 in Feuerbach produzierende Bonbonfabrik Weckerle & Beringer versah jedes Bonbon mit dem Feuerbacher Wappentier und machte so die Biber-Bonbons im ganzen Land zu einer Qualitätsmarke.

Die Geschichte von Feuerbach

Die Hochspannungs-Magnetzündung mit Zündkerze von Bosch war eine der bahnbrechenden Erfindungen in der Entwicklung der Benzinmotoren. Immer wieder fortentwickelt, bildete sie auch die Grundlage für die Entwicklung des Bosch-Konzerns zum Weltunternehmen. Interessanterweise gab es in Stuttgart noch zwei weitere Zündkerzenhersteller, die Firmen Mea und Eisemann, die aber auf Dauer dem Wettbewerb mit den Bosch-Werken nicht standhalten konnten.

1909 konnte Feuerbach den größten Fisch angeln: Der Stuttgarter Unternehmer Robert Bosch gründete auf 3,5 ha Fläche am Ortsrand ein Werk, das zum weltweit größten Produktionsstandort des Unternehmens werden sollte. Man baute zuerst ein Presswerk zur Produktion von Teilen von Magnetzündern. 1914 kam das Lichtwerk für Scheinwerfer und Generatoren dazu. 1922 begann im Ölerwerk die Produktion von Schmierpumpen und 1927 folgte die erste Fertigung von Einspritzpumpen für Dieselmotoren.

Robert Bosch (1861–1942). Der Firmengründer, der sich zeitlebens mit Stiftungen auch sozial engagierte, wurde 1917 zum Feuerbacher Ehrenbürger ernannt.

Links: Frauen bei der Herstellung von Isolierkörpern für Zündkerzen – 1920

Die Industrialisierung bringt den Aufstieg

Alles wandelt sich

Einstige Idylle an der Feuerbachbrücke 1896

Durch die Industrialisierung begann für Feuerbach ein beispielloser Wandel. Aus dem idyllischen Weingärtner- und Bauerndorf, das seine Bewohner nur spärlich ernähren konnte, wurde nun ein prosperierender Ort, dessen Arbeitsmöglichkeiten viele Menschen auch von außerhalb anzog. Von 1861 bis 1910 stieg die Einwohnerzahl von 2874 auf 14 244 Einwohner. Viele Bauern gaben ihre unwirtschaftlichen Kleinhöfe auf und gingen nun in die Fabriken zur Arbeit.

Eindohlung des Feuerbachs 1906

Das verbleibende Land wurde auf wenige größere Höfe verteilt. Der ländliche Charakter des Ortsbilds verblasste zusehends: Im Zentrum waren kaum mehr Misthaufen zu sehen, die Straßen wurden nun mit Gas beleuchtet. In den Betrieben herrschten harte Arbeitsbedingungen bei täglich bis zu zehn Arbeitsstunden an sechs Wochentagen. Auch viele Frauen und selbst ältere Kinder wurden in den Betrieben beschäftigt. Die Zeitungen berichteten von schweren Betriebsunfällen. 1884 wurde in der Stuttgarter Straße die erste Apotheke begründet. 1893 stiftete der Fabrikant Gustav Siegle das Spital (Feuerbacher Krankenhaus). Die vielen Fabrikschlote bliesen den Einwohnern Schwefel in die Lungen. Der einst fischreiche Feuerbach verwandelte sich durch die einfließenden Abwässer bis 1900 in eine biologisch tote Kloake. Weil die Stadt Stuttgart die Quellen in der Gallenklinge abschöpfte, floss auch wesentlich weniger Wasser den Feuerbach herunter. Kein Wunder, dass die Feuerbacher die stinkende Brühe nun eindohlen ließen. 1895 erfolgte die Vollendung der ersten Wasserleitung, die durch ein Wasserwerk in Hofen gespeist und über einen Speicher am Birkenwäldle verteilt wurde. 1895 wurde die erste katholische Kirche St. Josef in der

Die erste katholische Kirche von 1895

heutigen Oswald-Hesse-Straße gebaut, der auch eine Konfessionsschule angeschlossen war. Zur Gemeinde gehörten auch die Katholiken von Zuffenhausen, Weilimdorf, Zazenhausen, Gerlingen und Ditzingen. 1899 wurde die Elektrizität in Feuerbach eingeführt, die Gasfabrik 1902 von der Gemeinde aufgekauft. Nachdem 1898 der neue Feuerbacher Friedhof im Feuerbacher Tal eingeweiht worden war, konnte der alte Friedhof ab 1914 zu einer Parkanlage umgestaltet werden. 1900 hatte man die pneumatische Abortleerung eingeführt und ab 1902 die erste Gemeinde-Kehrichtabfuhr. Das Backhaus wurde 1906 wegen mangelnder Nutzung geschlossen, das Brot kaufte man jetzt beim Bäcker.

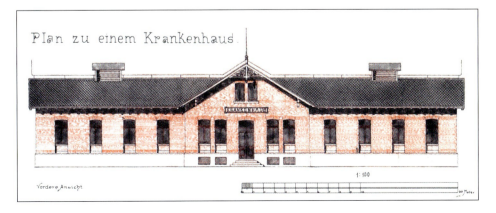

Die Geschichte von Feuerbach

Gruppenbild der Mittwochsgesellschaft

Die Mittwochsgesellschaft besichtigt das Wasserwerk in Münster.

Feuerbacher Jagdgesellschaft im Triebweg

Bestimmend für die zeitgemäße Umgestaltung von Feuerbach war neben der Gemeindeverwaltung die sogenannte „Mittwochsgesellschaft". 1859 als reiner Geselligkeitsverein begründet, führte dieser Kreis die maßgeblichen Männer aus Industrie, Handel und Gewerbe zusammen. Aufgrund ihrer Anregungen und Aktivitäten wurde 1863 der Liederkranz und 1865 die Handwerkerbank gegründet, 1870 die Freiwillige Feuerwehr ins Leben gerufen und 1875 die erste Feuerbacher Zeitung herausgegeben. 1887 wurde aus dieser segensreichen Gesellschaft heraus der örtliche Gewerbeverein gegründet, der sich unter anderem um die Versorgung der Gemeinde mit Gas, Wasser und Kohle kümmerte sowie die Bezeichnung der Straßen und die Hausnummerierung in Feuerbach veranlasste. 1883 wurde im Ort die Bauunternehmung der Gebrüder Fahrion gegründet, die nun den stetigen Bedarf an Neubauten stillen konnte. Durch den anhaltenden wirtschaftlichen Aufschwung lebten auch das Handwerksgewerbe und der Handel im Ort auf. Es entstand erstmals eine kleine vermögende Schicht, die sich ein großbürgerliches Leben leisten konnte.

Maskenball der Mittwochsgesellschaft im Bahnhotel 1899

Die Industrialisierung bringt den Aufstieg

Die neue Oberschicht traf sich meist in dem unweit des Bahnhofes vom Restaurateur und Gemeinderat Haffner 1894 eröffneten „Bahnhotel". Es war damals das erste Haus am Platze. Während der Notzeit des Ersten Weltkriegs wurde das Hotel von der Gemeinde Feuerbach aufgekauft und 1917 vom neu gegründeten „Verein für Wohlfahrtspflege" zur Massenspeiseanstalt für Bedürftige umgebaut. Ab 1923 war das Gebäude endgültig der Sitz dieses städtischen Wohlfahrtsunternehmens für Jugend-, Gesundheits-, Armenfürsorge und Volksbildung.

Das Bahnhotel, Stuttgarter Straße 3

Bahnhotel und Tunnelstraße

Das Personal des Bahnhotels mit Jakob und Albert Baitinger als Gäste

Die Geschichte von Feuerbach

Das Gasthaus Ochsen in der Stuttgarter Straße 65 war das Feuerbacher Stammhaus der Familie Fahrion. Es wurde 1938 abgebrochen.

Das Pragwirtshaus lag wohl schon knapp über der Grenze zu Stuttgart, gehörte aber zu den bevorzugten Lokalen der Fuhrleute und Ausflügler.

Auch die breite Bevölkerung hatte durch die Industrie nun regelmäßige Geldeinkünfte, was augenscheinlich auch dem Gastgewerbe zugute kam. Gab es 1860 in Feuerbach gerade acht Schildwirtschaften, waren es bis 1907 derer 51, dazu kamen 93 Flaschenbierhandlungen – mehrere Brauereien sorgten für den Biernachschub.

Der „Hirsch", Stuttgarter Straße 104, war mit seinem großen Saal lange Zeit die größte Wirtschaft in Feuerbach.

Die idyllisch am Feuerbach gelegene „Sonne" mit Gartenwirtschaft konnte sich nicht lange halten.

Der im Stil eines Schweizerhauses erbaute „Felsenkeller" in der Tunnelstraße 14 hatte seinen Namen von den tief in den Felsen gebauten Brauereikellern.

Die Industrialisierung bringt den Aufstieg

Die „Germania" in der Stuttgarter Straße 33 lockte mit einer großen Gartenwirtschaft.

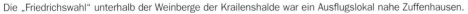

Die „Friedrichswahl" unterhalb der Weinberge der Krailenshalde war ein Ausflugslokal nahe Zuffenhausen.

Der „Stahl'sche Bau" in der Stuttgarter Straße 57 verfügte über einen Saal, in dem der „Dramatische Verein" sogar Operetten aufführte.

Die „Rose" am Ortsausgang beim Alten Friedhof war eine beliebte Fuhrmannseinkehr – 1906.

Die Geschichte von Feuerbach

Schultheiß Dieterle mit seinen Ratsmitgliedern 1893

Schutzmannschaft Feuerbach

Auch wurde eine gut funktionierende Feuerwehr gegründet und eine moderne Schutzmannschaft sorgte nun für die öffentliche Ordnung.

Durch die rasch steigenden Einwohnerzahlen wuchsen auch die Aufgaben der Gemeindeverwaltung. Feuerbach hatte das Glück, hintereinander mehrere tüchtige und vorausschauende Schultheiße zu haben, die die richtigen Weichen in die Zukunft stellten und alle wesentlichen Einrichtungen für ein modernes Gemeinwesen schufen. Wichtige Vorkehrungen betrafen die Wasser- und Elektrizitätsversorgung und eine regelmäßige Fäkal- und Kehrichtabfuhr.

Der Schießplatz in der Mäderklinge wurde 1870 von der Militärstandortverwaltung in Stuttgart eingerichtet und mehrmals vergrößert. 1886 wurden noch mehrere Gebäude bei den 600 m langen Schießbahnen erstellt. Leider gab es immer wieder Unglücksfälle durch verstreute Kugeln, die bis in die Weinberge auf der Hohen Warte abdrifteten.

Feuerwehrübung an der Bachschule 1905

Soldaten auf dem Schießplatz 1912

Die Industrialisierung bringt den Aufstieg

Fabrikant Happold (ganz links) mit einer Gesellschaft in seinem Weinberg in der Krailenshalde im Jahr 1889. Im Hintergrund sieht man erste Fabrikansiedlungen im Gebiet Seewiesen und die Gasfabrik. Auf der Wiese an der linken Seite befindet sich heute eine TÜV-Filliale, der schmale baumbestandene Weg im Hintergrund ist heute die stark befahrene Heilbronner Straße (B 27).

August Happold

August Happold (1846–1922) war erst Geschäftsführer und später Inhaber der Farben- und Lackfabrik Lechler. Gleich seinem Vorgänger Lechler war er sich seiner sozialen Verantwortung in der Gemeinde bewusst und handelte auch danach. Zusammen mit dem Fabrikanten Vogtenberger gründete er 1886 einen privaten Realschulverein, der in Feuerbach die erste moderne höhere Ausbildung der Kinder in einer Elementarschule ermöglichte. Dafür stellte er 1887 ein eigenes Gebäude zur Verfügung, das spätere „Happoldstift", Ecke Leobener- und Burgenlandstraße. Als die Gemeinde dann eine eigene Realschule einrichtete, gründete Happold 1897 in diesem Gebäude eine private Mädchenschule. Seine Frau Auguste Happold war von 1919 bis 1933 die erste und einzige Stadträtin Feuerbachs. Anlässlich der Stadterhebung 1907 wurde August Happold wegen seiner Verdienste um Feuerbach zum Ehrenbürger ernannt.

Im ehemaligen Happoldstift, Leobener Straße 15, ist heute eine Nebenstelle der Kaufmännischen Berufsschule Feuerbach untergebracht.

Die Geschichte von Feuerbach

Das Feuerbacher Backsteinhaus

Gebäude in der Stuttgarter Straße – um 1900

Eines der wenigen erhaltenen Häuser mit den ursprünglichen Fenstern

Links und rechts: Besonders in der Burgenlandstraße ist dieser Haustyp in verschiedensten Formen noch zu finden.

Um 1900 bot die Feuerbacher Baufirma der Gebrüder Fahrion einen 1½-stöckigen Haustyp in Ziegelbauweise an, der durch die Normierung schnell und günstig gebaut werden konnte. Für 5000 Reichsmark konnten sich auch einfachere Familien diese Häuschen leisten, besonders wenn sie, wie oft in Feuerbach, über eigenen Grund verfügten. Noch heute prägen etwa 100 Häuser dieses Typs mit seinen acht Frontfenstern das alte Zentrum, so dass man vom „Feuerbacher Haus" sprechen kann. Allerdings gab es damals auch Stimmen von Architekten, die sich gegen diesen Einheitsstil aussprachen.

Die Industrialisierung bringt den Aufstieg

Kinderfest in Feuerbach 1905

Die Solitude-Schule von 1877

Die Bachschule von 1896

Schulen und Kinder

Mit der Einwohnerzahl stieg auch die Zahl der Kinder. Noch 1876 waren die Schulverhältnisse katastrophal: Für 720 Schüler gab es nur eine Schule im ehemaligen Bandhaus in der Sartoriusstraße mit nur vier Schulmeistern und zwei unständigen Lehrern. Die 1877 gebaute Solitude-Schule und die 1896 eingeweihte Bachschule am Mühlwasen konnten nur kurzfristig die rapide steigende Schülerzahl von Feuerbach aufnehmen. Ab 1902 gab es eine erste einklassige katholische Schule mit elf Schülern. Die Kindheit war kurz. Die Kinder der Weingärtner und Bauern mussten schon früh in der Wirtschaft mithelfen und die Arbeiterkinder kamen so früh wie möglich in die Fabrik. Feuerbach hatte einen überdurchschnittlichen Anteil an der Kinderarbeit in Württemberg.

Straßenkinder am Mühlwasen

Mädchenklasse in der Solitude-Schule um 1905

Die Geschichte von Feuerbach

Was ein Bild erzählt

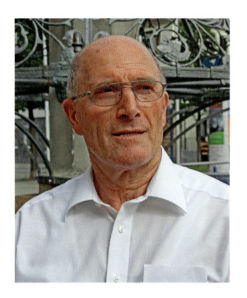

Ohne Walter Rieker, 1935 in Stuttgart geboren, wären die meisten Publikationen und Ausstellungen über Feuerbach nicht denkbar. Unermüdlich hat er in seinem Leben Bilder und Dokumente zur Geschichte seines Heimatortes zusammengetragen. Mit seinem reichen Material und Hintergrundwissen über die Menschen und Bauten Feuerbachs ist der freundliche Mann zum „lebenden Feuerbacher Heimatmuseum" geworden. Walter Rieker erinnert sich:

Mein Vater arbeitete ursprünglich als Chemiegraf bei einer großen Stuttgarter Druckerei. Als er in der schlechten Zeit nach dem Ersten Weltkrieg seine Stelle verlor, hat er in Feuerbach einen Altwarenhandel aufgemacht. Er konnte 1934 in der Brandgasse 21 ein Haus kaufen, wo er in der Scheune seine Geschäfte abwickelte. Hier, im Kern des Feuerbacher Oberdorfes, bin ich aufgewachsen. Besonders in der Notzeit nach dem Zweiten Weltkrieg brachten die Leute ihre Altwaren zu uns, um Bezugsscheine zum Kauf von notwendigen Artikeln des täglichen Lebens zu bekommen. Ich kann mich erinnern, dass z. B. eine Frau nach und nach die Bände des Lexikons ihres Mannes herschleppte, um an Papier-Gutscheine für den Erwerb von „Camelia"- Hygieneartikeln zu kommen. Die dicken Bücher haben wir in den großen Papierballen gerne als Verstärkung in den Ecken eingesetzt. Die Geschäftsverbindung hörte schlagartig auf, als der Ehemann dahinterkam, wohin seine Lexikonbände verschwanden. Die Leute brachten auch alte Bildbände und Postkartenalben als Altpapier. Leider habe ich damals den überzeitlichen Wert dieser Dinge noch nicht erkannt und so kam alles in die große Ballenpresse, um wieder zu Neupapier verarbeitet zu werden. Doch nach und nach begann ich mich für die alten Papiere zu interessieren und Bilder zur Geschichte von Feuerbach zu sammeln. Ich besuchte deshalb alte Feuerbacher Familien. Von vielen Bildern, die ich damals in deren Alben noch abfotografieren konnte, sind die Originale inzwischen unwiederbringlich verloren gegangen.

Mein erstes Bild, dass ich mir beim Fotografen teuer reproduzieren ließ, zeigte die „Feuerbacher Wette", die in der Denkschrift zum 50-jährigen Bestehen des Wein-, Obst- und Gartenbauvereins abgebildet war. Der Grund dafür war, dass dort mein elterliches Haus, in dem ich meine Kindheit und Jugend verbracht habe, abgebildet ist. Die Wette in der Mühlstraße, über ein Wehr vom Feuerbach gespeist, diente im Dorf seit 1478 als Quartier für Enten und Gänse, als Viehtränke, Bad für die Kinder und als Feuerlöschteich. Bei der Wette stand das einzige Gemeindewaschhaus, an das auch ein Backhaus angebaut war. Das Bild muss um 1890 entstanden sein, denn bald darauf wurde die Wette zugeschüttet.

Die Industrialisierung bringt den Aufstieg

Es wurde von dem Chemiker Dr. Bogisch der Firma Hauff aufgenommen, der die neuen Fotoplatten der Firma ausprobierte. So ist eines der frühesten Fotodokumente von Feuerbach entstanden. Links hinter der Wette steht das Haus des Landwirts und Weingärtners Falk, der auch Ziegen im Stall hatte. Rechts im Hintergrund lugt noch der Giebel des Hauses der Familie Fritz empor. Auf der alten Mauer davor erkennt man die dazugehörige Scheuer des sogenannten „Wasser-Fritz".
An der Ecke zur Brandgasse steht noch heute das Haus von 1780, das mein Vater von der Familie Laich gekauft hat. Daneben erkennt man am Ladenschild die Spezereihandlung von Pauline Dieterle. Am Haus verkündete ein Schild „Flaschenbier über die Straße".
Die junge Frau, die auf dem Bild an der Wette steht, hat eine besondere Lebensgeschichte. Klara Wolfahrth war von ihrer Mutter als lediges Kind geboren worden. Ein nicht ungewöhnliches Schicksal in Feuerbach, denn früher durften bestimmte Berufsstände wie Soldaten und fremde Handwerksburschen nicht heiraten. Die Mutter konnte später den angesehenen Geometer Wolfahrth heiraten, der das Mädchen adoptierte. Als lediges Kind wurde Klara im Dorf von den pietistischen Nachbarn als „Kind der Sünde" scheel angesehen. Weil sie sehr kinderlieb war, ging sie früh in den Dienst als Kindermädchen. Sie wollte ihre Feuerbacher Vergangenheit hinter sich lassen und nahm deshalb eine Anstellung bei einer Familie in London an. Die Kinder hatten ihre deutsche „nurse" bald lieb gewonnen und so blieb sie auch bei dieser Familie, als diese nach Australien auswanderte. Während des Ersten Weltkriegs wurde sie als Deutsche in ein Lager interniert, aus dem sie unter abenteuerlichen Umständen fliehen konnte. In den Notzeiten nach dem Zweiten Weltkrieg versorgte sie ihre deutsche Familie mit Paketen. Neben

Wilhelm Fritz und Walter Rieker etwa 1939

Klara erkennt man auf dem Bild von der Wette ihren Stiefbruder Paul Wolfahrth. Auch die Kinder mit dem Leiterwagen stammen aus der Nachbarschaft.
Dieses Bild von der Wette wurde in den 30er-Jahren von einer Feuerbacher Buchhandlung als Postkarte aufgelegt und verkauft. Die Familie Wolfahrth legte erfolgreich Einspruch gegen den Verkauf ein. Die restlichen Postkarten wurden beschlagnahmt, so dass sie heute eine Rarität sind.
Auf dem Foto oben bin ich mit meinem Schulfreund Wilhelm Fritz abgebildet. Sein Vater hieß ebenfalls Wilhelm und betrieb als „Wasser-Fritz" in den 30er-Jahren oberhalb meines Elternhauses eine Limonaden- und Sprudelfabrik. 1945 wurde das Fritz'sche Gebäude in der Haffnerstraße vollkommen durch Bomben vernichtet, die Familie musste vorübergehend in ihrem Gartenhaus im Triebweg kampieren. Nach dem Krieg begann man in Spielberg wieder mit einer ersten Mineralwasser-Abfüllanlage.
Als die Gemeinde Ensingen im Stromberggebiet 1952 nach Trinkwasser bohrte, stieß sie überraschend auf Mineralwasser. Die Familie Fritz kaufte die Quelle und hat den anfänglich einfachen Betrieb zu einer bedeutenden Mineralwasserfirma im Lande gemacht. Heute beschäftigt die

Erste Anfänge der Ensinger Quelle

Firma etwa 145 Mitarbeiter. Mein Schulkamerad Wilhelm ist 2009 gestorben und seine Söhne führen den Betrieb weiter. Die ursprüngliche Wette in der Mühlstraße ist heute kaum mehr zu erahnen. Anstelle

Heutige Betriebsanlagen in Ensingen

des Fritz'schen Hauses steht ein Neubau, die Scheuer ist verschwunden. Wo einst die hohe Natursteinmauer sich emporreckte, ist heute ein Getränkehandel eingezogen, der mit seinen verschiedenen Räumen das ganze Areal beherrscht. Mein elterliches Haus hält noch am alten Platz kaum verändert die Stellung.

Die Geschichte von Feuerbach

„Zirkus Knie" am Mühlwasen – die Seiltänzerin war das Hannele aus Feuerbach.

Kirbe-Karussell in der oberen Stuttgarter Straße um 1908

Einfache Vergnügungen

Die Vergnügungsmöglichkeiten der Dorfbewohner waren damals noch bescheiden. Allein die langen Arbeitszeiten über sechs Wochentage ließen nicht viel Zeit für Muße. So unternahm man vielleicht am Sonntag einen Familienausflug ins Feuerbacher Tal oder auf den Killesberg. Gelegentlich schlug auch ein Wanderzirkus sein Zelt auf dem Mühlwasen auf. Ein Höhepunkt im Jahreslauf war schon immer die Feuerbacher Kirbe, die traditionell nach der Erntezeit und vor Beginn der Weinlese stattfand. Die Eisenbahn musste sogar Sonderzüge einsetzen, um die vielen Besucher aus den umliegenden Orten und vor allem aus Stuttgart zu diesem beliebten Fest zu bringen.

Familienausflug zum Killesberg 1909

Gasthaus „Im schönsten Wiesengrund" im Feuerbacher Tal

Die Industrialisierung bringt den Aufstieg

Wo man einkaufte

Ein Weiß- und Wollwarengeschäft

Oben: Gemüse-Merkle verkaufte das Gemüse im Korb auf der Stuttgarter Straße.

Mitte: Die einfache Handlung von S. J. Maurer war in einem alten Bauernhaus in der Feuerbacher-Tal-Straße untergebracht.

Unten: Metzger Renz präsentiert seinen Schlachtochsen.

Den notwendigen Bedarf an Lebensmitteln und Kleidung konnte man im Ort in Läden einfachster Art befriedigen – „Shopping" nur zum Vergnügen war damals noch undenkbar.

Laden Ecke Brand-/Gaisgasse um 1910

Die Geschichte von Feuerbach

Verkaufstheke des Feuerbacher Konsums

Der Laden des Spar- und Konsumvereins in Feuerbach war eine Filiale des 1890 gegründeten Cannstatter Konsumvereins. Durch gemeinschaftlichen Einkauf und Wiederverkauf in eigenen Läden konnten die Konsum-Genossenschaften ihre Produkte billiger anbieten. Die Kunden kamen vor allem aus der Arbeiterschicht.

Der Konsumladen befand sich in der Jägerstraße.

Endlich eine neue Schule

Die neue Bismarckschule

Im Jahr 1906 wurde am damaligen Ortsrand die Bismarckschule als evangelische Volksschule mit 20 Schulsälen errichtet. Sie war seinerzeit die größte Schule des Landes, die nun erstmals alle 1543 Volksschüler Feuerbachs aufnehmen konnte. Allerdings gab es auch hier noch Klassen mit fast 100 Schülern.

Feuerbach wird Stadt

Neues Stadtwappen – entworfen vom Kunstmaler G. Lebrecht 1907

Die Geschichte von Feuerbach

Festzug mit Gruppen der Steinhauer und Winzer

Als Feuerbach eine Einwohnerzahl von mehr als 12000 erreicht hatte, wurde es am 15. März 1907 vom König offiziell zur Stadt erhoben. Anlässlich der Grundsteinlegung für das neue Rathaus am 1. September 1907 veranstaltete man eine zweitägige Stadterhebungsfeier. Der Ort wurde aufwendig mit Ehrenportalen, Fahnen und Girlanden geschmückt. Am Vorabend fand im Bahnhotel ein Festbankett für 220 Gäste statt, für die Schulkinder gab es jeweils eine Brezel. Ein riesiger Festzug krönte den mit Böllerschüssen und Festgottesdienst eröffneten Feiertag. Vorweg trug man die von den Frauen der Stadt gestiftete neue Stadtfahne mit dem von Kunstmaler Lebrecht entworfenen neuen Wappen mit Zahnrad und Biber. Danach kam der erste Festwagen mit Idealfiguren und Ehrenjungfrauen in strahlend weißen Gewändern. Dahinter folgte ein langer Festzug mit 67 Gruppen aus allen Bereichen der neuen Stadt: Schüler, Turner, Kriegerverein, Bauernschaft, Winzer, Steinbrecher, Industrie- und Gewerbevertreter. Alle zogen sie zum künftigen Rathausplatz zur Grundsteinlegung mit Weihespiel, das von den acht Gesangsvereinen der Stadt musikalisch umrahmt wurde. Anschließend ging es zum Festplatz, wo zur Bewirtung der Besucher ein Ochse am Spieß gebraten wurde. Insgesamt zählte man zwischen 30000 und 40000 Festgäste von nah und fern. Ein Feuerwerk beschloss den für die Stadt unvergesslichen Tag.

Feuerbach wird Stadt

Neue Bauten

Nach der Stadterhebung brach in Feuerbach ein Bauboom aus. Nicht nur die öffentlichen Gebäude wurden ersetzt, auch die Bürger ließen sich nun gepflegte Stadthäuser mit typischen Erkern und geschmückten Volutengiebeln errichten.

Am 28. Juni 1909, kurz nachdem der Durchschlag für eine zweite Tunnelröhre nach Feuerbach vollendet war, wurde der neue Feuerbacher Bahnhof eingeweiht. Das neue Postamt wurde erst bis 1916 gegenüber dem Bahnhof erbaut.

Dieses von Architekt Henning gebaute Wohn- und Geschäftshaus wurde als mustergültiges Stadthaus in der Publikation „Das deutsche Haus" vorgestellt. Das Verwaltungsgebäude der Firma Paul Schröder in der Stuttgarter Straße 21 wurde nach dem Zweiten Weltkrieg abgerissen.

Unten: neuer Bahnhof von 1909
Ganz unten: neues Postamt von 1916

Bismarckplatz – heute Wiener Platz ▲   ▼ Bahnhofsplatz mit Straßenbahnhaltestelle

Die Geschichte von Feuerbach

▲ Das Rathausdach wird eingedeckt.   ▼ Das neue Rathaus war der Anfang eines neuen Ortszentrums.

Am 1. August 1909 fuhr die erste Stuttgarter Straßenbahn von Cannstatt nach Feuerbach, wo sie mit Straßenschmuck und Blasorchester festlich empfangen wurde.

Am gleichen Tag wurde auch am damaligen Karlsplatz das neue Rathaus eingeweiht. Der von dem renommierten Stuttgarter Architekten Ludwig Eisenlohr errichtete Zweiflügelbau war ein Symbol für das neue Selbstbewusstsein der

Feierlicher Auszug der Rats-Kollegien aus dem zu klein gewordenen alten Rathaus

jungen Stadt. Mit Erker, breitem arkadengeschmücktem Treppenaufgang und einem Türmchen auf dem Dach entsprach er der Vorstellung eines repräsentativen Gemeindemittelpunkts. Im Inneren befanden sich ein hoher ausgemalter Ratssaal, Räume für die Verwaltung, aber auch für die Württembergische Vereinsbank. Das Erdgeschoss bot Platz für die Polizeiwache mit Arrestzellen. Der Biberbrunnen am Rathaus wurde ebenfalls vom Architekten Eisenlohr entworfen. Der das Bauwerk krönende Biber stammt vom Steinmetzmeister Adolf Rau und das Brunnengitter wurde vom heimischen Kunstschlosser Friedrich Bulling geschaffen.

Feuerbach wird Stadt

Die wohlhabende Stadt konnte es sich leisten, für ihre öffentlichen Bauten die besten Architekten heranzuziehen. So bekam das Büro Bonatz und Scholer, das im Jahr zuvor den Zuschlag für den Bau des Stuttgarter Hauptbahnhofs bekommen hatte, 1911 den Auftrag für den Bau der Realschule (heute Leibniz-Gymnasium). Der neoklassizistische Stahlbetonbau mit seinen drei Frontgiebeln wirkt auch heute noch durch seine noble Gestaltung im Äußeren und Inneren wie ein Schlossbau. 1912/13 errichteten Bonatz und Schuler als architektonisches Pendant an der Seite des Platzes die Turn- und Festhalle. Das neue Gebäude wurde unter schwierigen Bedingungen auf dem sumpfigen Gelände der „Eyche" errichtet. Zwei Eingangspavillons führen zu dem tiefer liegenden Sport- und Festplatz, von dem Treppen zur Halle emporführen. Das Gebäude diente bei der im gleichen Jahr stattfindenden Gewerbe- und Industrieausstellung als Ausstellunghalle. Nachdem die Halle durch Bürgerproteste vor dem geplanten Abriss bewahrt werden konnte, wurde sie 1982 durch zwei angebaute Flügel behutsam erweitert (siehe Bild unten). Der Architekt Paul Bonatz hat auch mit den Gebäuden, die er im folgenden Jahrzehnt für die Lederfabrik Roser errichtete, wesentlich zum neuen Stadtbild Feuerbachs beigetragen.

Die Geschichte von Feuerbach

Die Stadtapotheke (an der Stelle des heutigen Biberturms) wurde als zweite Apotheke in Feuerbach in diesem repräsentativen Gebäude von 1910 eröffnet.

Um die städtebauliche Qualität zu erhöhen, gab die Stadt Feuerbach 1912 eine Verfügung heraus, die im neuen Ortskern um das Rathaus strenge Maßstäbe für Neubauten festlegte: Danach durften dort nur noch maximal dreistöckige, in einer Baulinie stehende verputzte Häuser aus Natur- und Kunststein errichtet werden. Die Baubehörde sollte bei der Erteilung der Baugenehmigung auch großen Wert auf die sorgfältige äußerliche Gestaltung der Gebäude legen.

Blick Richtung Killesberg. Am Horizont erkennt man die später abgetragenen Schutthügel der Steinbrüche.

Blick Richtung Feuerbacher Heide und Bismarckturm. Im Vordergrund die Straße nach Weilimdorf.

Blick Richtung Pragkreuzung

Feuerbacher Panoramen – um 1906

Am Beginn der Stuttgarter Straße stand rechts das Kaufhaus Merkert – nach dem Umbau von 1903.

Feuerbach wird Stadt

Nachdem hier die Straßenbahnlinie eröffnet worden war, wurde die Stuttgarter Straße als erste Feuerbacher Straße bis 1911 durchgehend mit Kopfsteinpflaster versehen. An ihr befanden sich fast alle großen Gastwirtschaften.

Stuttgarter Straße um 1910 – Weinstube und Café Schwarz (links) waren ein beliebter Treffpunkt, der sich über zwei Stockwerke erstreckte.

Die erste Straßenbahn im Jahr 1909 fährt am ersten Kino in der Stuttgarter Straße 72 vorbei: Ein Jahr zuvor war im Gasthof Kanne dieser „Kinematograph International" eröffnet worden.

Die Sedanstaffel in der Verlängerung der damaligen Sedanstraße markierte das Ende des alten Dorfes. Der Aufgang zur Feuerbacher Heide heißt heute Burghaldenstaffel.

Um 1905 floss der Feuerbach noch offen entlang der unteren Feuerbacher Straße.

Die Geschichte von Feuerbach

Feuerbacher Panorama – um 1905

Beim Adler in der Mühlbergstraße (heute Feuerbacher Weg)

Villa Waldeck bei der Schillerhöhe – 1899

Hinter der Bismarckschule weiten sich noch die Äcker und Felder – um 1907.

Feuerbach wird Stadt

Gewerbe und Industrieausstellung 1912

Katalog der vorgeschichtlichen Sammlung

Anlässlich des 25-jährigen Jubiläums des Gewerbevereins wurde vom 6. August bis zum 22. September 1912 auf dem Platz vor der Festhalle eine große Gewerbeausstellung veranstaltet, die Feuerbach seinen Platz im Kreis der großen Industriestädte des Landes verschaffen sollte. Ausgestellt waren nur Produkte der heimischen Industrie und des örtlichen Gewerbes, die das breite Spektrum der Feuerbacher Firmen vom Maschinenbau bis zur chemischen Industrie repräsentierten. Ein kulturelles und historisches Programm ergänzte die Schau. So konnte Pfarrer Richard Kallee erstmals die Ergebnisse seiner Grabungen in einer kleinen Ausstellung zur Vorgeschichte des Ortes zeigen. Selbst der König kam mit Gefolge, um sich die Ausstellung anzusehen.

König Wilhelm II. besucht die Ausstellung.

Die Geschichte von Feuerbach

Partie an der Mühlstraße

Heimat-Nostalgie im Oberdorf

Winter im Oberdorf

Auswanderergruppe aus den USA vor dem Gasthof „Grüner Baum"

Trotz der intensiven Industrialisierung Feuerbachs behielt das Oberdorf noch lange seinen dörflichen Charakter. Als eine Gruppe von Amerika-Auswanderern aus Feuerbach wieder ihre alte Heimat besuchte, fanden sie sicher besonders Gefallen an den noch wohl erhaltenen, fast romantischen Winkeln.

Weingärtnerhäuschen an der Alten Steige

Gasthof Nußbaum in der Hohewartstraße

Feuerbach wird Stadt

Erster Weltkrieg

Der Erste Weltkrieg verursachte eine Zäsur in der steilen Entwicklung des Ortes, die Bautätigkeit geriet ins Stocken. Die Firma Bosch stellte Teile ihrer Fabrik für ein Lazarett mit 400 Betten zur Verfügung. Am 27. August 1914 trafen schon die ersten Verwundeten ein. Als Bosch im Laufe des Krieges die Zahl der Arbeitskräfte vervielfachte, benötigte die Firma ab 1916 ihre Räume für die Produktion. Das Lazarett wurde deshalb in die Bismarckschule verlegt. Feuerbach wurde Garnisonsstadt, die rund 2000 Soldaten wurden zuerst in die Bismarckschule, dann in die Lipp'sche Klavierfabrik und in Wirtshaussäle einquartiert. Die Folgen des Krieges machten sich im Laufe der Zeit immer stärker bemerkbar. Manche Betriebe arbeiteten wegen der Kriegsaufträge in drei Schichten. Weil der unter Hochdruck produzierenden Rüstungsindustrie die Arbeitskräfte fehlten, wurden jetzt die Frauen im Schnellverfahren an den bisher nur Männern vorbehaltenen Berufen eingelernt. Die Nahrungsmittel wurden durch Lebensmittelkarten kontingentiert, Ersatzprodukte sollten nun den Hunger stillen. Jetzt häufen sich auch in den Zeitungen die Todesanzeigen der Gefallenen.

Ausschnitte aus der Feuerbacher Zeitung 1916

Links: Bosch-Lazarett

Die Geschichte von Feuerbach

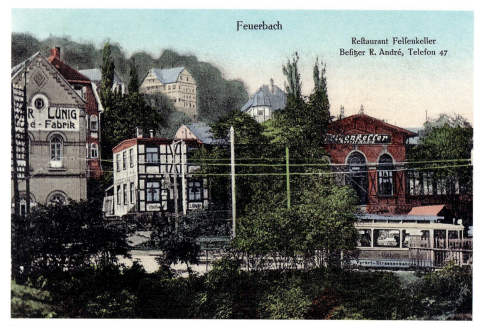

Feuerwerkfabrik Lünig und der Felsenkeller um 1910

Das Explosionsunglück bei Lünig

Das Gemeinschaftsgrab der Explosionsopfer auf dem Feuerbacher Friedhof

Anzeige von Lünig und das Gebäude heute

Am 9. Dezember 1916 ereignete sich in Feuerbach ein entsetzliches Explosionsunglück. Die Firma Lünig in der Tunnelstraße, die Leucht- und Signalpatronen für das Heer herstellte, stand nach einer furchtbaren Detonation, die die Scheiben ringsum zertrümmerte, in hellen Flammen. Die Feuerwehr fand nach der schwierigen Löschung in den Trümmern 11 Tote, die sich kaum mehr identifizieren ließen. Noch am gleichen Tag starb eine weitere Verletzte im Krankenhaus. Es stellte sich heraus, dass fast alle Opfer junge Mädchen im Alter von 14 bis 16 Jahren waren, die sich bei dieser gefährlichen Tätigkeit ihr Brot verdienen mussten. Die Toten wurden wenige Tage später mit großem Trauergeleit in einem gemeinsamen Grab auf dem Feuerbacher Friedhof begraben. Ein großer Gedenkstein der Gemeinde erinnert noch heute am Osteingang des Friedhofs an das tragische Geschehen.

Vereinsleben

Turnerbund Feuerbach – Fotocollage von 1903

Die Geschichte von Feuerbach

1883 gründeten junge Männer mit dem Turnverein Feuerbach den ersten Sportverein in Feuerbach, der sich 1888 die Bachturnhalle errichtete. Weil die Arbeiter von den bürgerlichen Vereinen nicht akzeptiert wurden, mussten diese notgedrungen ihre eigenen Organisationen gründen. So entstand 1898 der „Turnerbund" der Arbeiterschaft. Zu diesen reinen Turnvereinen gesellten sich nach weiter Vereinigungen, die sich anderen Sportarten widmeten.

1898 wurde der erste Fußballverein Victoria gegründet. Weil man lange keinen Sportplatz hatte, kickte man noch auf den feuchten Wiesen der „Eyche" – Fußballmannschaft Victoria 1906.

Gotthold Oettinger, Ringer-Weltmeister im Schwergewicht 1899, stammte aus Feuerbach.

Der erste Radsportverein Pfeil wurde 1899 gegründet.

Turnerinnengruppe des Turnerbunds im züchtigen Turnerdress – um 1910

Vereinsleben

Turn- und Spielplatz des Arbeiter-Turnerbundes im Feuerbacher Tal

Fußball-Nationaltorwart Paul Mauch aus Feuerbach 1921

Massenpyramiden des Turnerbunds beim Bezirkssportfest 1921

Die 1. Ringermannschaft des A.S.V. Feuerbach 1929

Die Jahn-Turnhalle wurde 1927 nach dem Plan des Stadtbaumeisters Holstein errichtet.

Der „1. Athletik Klub Feuerbach" wurde 1898 aus der Taufe gehoben. Zu den traditionellen Sportarten Turnen, Fußball, Gewichtheben, Ringen und Boxen kamen bald auch Leichtathletik, Handball und Schwimmen hinzu. 1921 wurde der Tennisverein und 1923 die Skizunft Feuerbach begründet.

Die Geschichte von Feuerbach

Die Musterriege des VFL Feuerbach wurde 1920 Deutscher Meister im Kunstturnen.

Arbeiter-Radfahrerbund „Solidarität" 1923

Motorsportverein 1930

Turnerinnengruppe des Turnerbunds 1927

Schwimmergruppe im Luftbad 1926

Sportheim des Turnerbunds im Feuerbacher Tal

Vereinsleben

Musikverein Feuerbach – Fotocollage von 1904

Schützenhaus Feuerbach

Der „Dramatische Verein" spielt das Stück „Dorf und Stadt" – 1907

Bauerngruppe des Güterbesitzervereins im Sigle-Hof – 1907

Der Zitherverein „Alpenröschen" am Grenzhaus um 1930. Das Grenzhaus war ein beliebtes Ausflugslokal auf der Feuerbacher Heide unmittelbar auf der Grenze zwischen Feuerbach, Stuttgart und Cannstatt.

Um 1905 zählte man in Feuerbach bereits rund 70 Vereine der verschiedensten Art, darunter allein sieben Gesangs- und zehn Sportvereine. Vom Kriegerverein bis zum Zitherverein „Alpenröschen" war ein weites Spektrum vertreten.

Die Geschichte von Feuerbach

Der Touristenverein „Die Naturfreunde" beim Arbeitersporttag 1921

Die „Kinderfreunde" der Falken bei einer Wanderung um 1930

Arbeiter-Gesangverein „Vorwärts" und der Turnerbund feiern Fasching 1928.

Der „1. Mund- und Handharmonikaclub Feuerbach", gegründet 1930

Die Zeit von 1918 bis 1933

Café Engisch in der Stuttgarter Straße

Die Geschichte von Feuerbach

Feuerbacher Notgeld aus der Inflationszeit 1923

Mit von amerikanischen Quäkern und anderen Hilfsorganisationen initiierten Lebensmittelspenden konnten an der Stadthalle wenigstens die hungernden Kinder mit Nahrung versorgt werden. Bis 1923 wurden dort täglich zeitweise bis zu 1434 Kinder gespeist. Bedürftige und Tuberkulosekranke wurden in der Kelter mit Zusatzrationen versorgt. Ein großes Problem war die durch die Kriegslasten und Reparationszahlungen an die Siegermächte verursachte extreme Inflation. Als die Deutsche Notenbank mit dem Gelddrucken nicht mehr nachkam, brachte die Gemeindeverwaltung in Feuerbach eigene Notgeld-Banknoten heraus. Erst mit der Einführung der Rentenmark Ende 1923 konnte die schwere Wirtschaftskrise überwunden werden.

Hunger und Not

Nach dem verlorenen Krieg gab es viele soziale Probleme in der Stadt, die durch Lebensmittelmangel und Wohnungsnot geprägt war. Die Gemeinde versuchte unter schwierigen Bedingungen, Abhilfe zu schaffen. 1921 stiftete der ehemalige König Wilhelm II. ein Waldstück im Heimberg, damit dort ein Erholungsheim für Kinder und Kranke eingerichtet werden konnte. Träger der Einrichtung, die bald auch mit einem Solebad versehen wurde, war der schon während des Krieges gegründete Verein für Wohlfahrtspflege.

Quäkerspeisung der Kinder an der Festhalle 1921

Im Waldheim am Heimberg:
oben: Solekurhaus, unten: Kinder in der Liegehalle

Die Zeit von 1918 bis 1933

1915 war in der Eichstraße 106 (heute Burgenlandstraße) die „Friedenskirche" der evangelisch-methodistischen Gemeinde eingeweiht worden. Die Kirche wurde im Volksmund neidvoll „Schmalzkirche" genannt, weil die Methodisten in der Notzeit nach dem Ersten Weltkrieg von ihren Glaubensbrüdern in den USA Schmalzpakete bekamen.

Ursprünglich stand der Hirschbrunnen viel näher beim Gasthof Hirsch an der Stuttgarter Straße. Dort sollen angeheiterte Feuerbacher Zimmerleute einst einen zu gestrengen Schutzmann hineingeworfen haben. An diesem Brunnen hatte auch die „Fisch-Gartnere" regelmäßig ihren Fischstand.

Im Sommer musste man das Geld für Schuhe und Kleider sparen – Straßenkinder in den 20er-Jahren.

Milchmann Jaiser brachte noch täglich mit seinem Pferdewagen die Milch, die er mit seiner Kelle in die Kannen der Hausfrauen und Kinder schöpfte.

Die Geschichte von Feuerbach

Der erste motorisierte Krankenwagen in Feuerbach war ein Mercedes – 1919.

Es geht wieder aufwärts

Dieses „Wassertempele" stand bis zu seiner Kriegszerstörung auf dem Wasserbehälter auf dem höchsten Punkt des Killesbergs. Von hier aus konnten nun auch die höher gelegenen Stadtteile zufriedenstellend mit Trinkwasser versorgt werden.

Wirtschaft „Zum Kreuz" – Neubau von 1926

Das Feuerbacher Krankenhaus musste wegen des Bevölkerungswachstums mehrmals durch den Stadtbaumeister Holstein erweitert werden. Oben: Neubau von 1928, unten: Isolierbau von 1930

Erst ab 1925 konnte die durch den Ersten Weltkrieg verursachte schwere Wirtschaftskrise auch in Feuerbach überwunden werden. Es kam zu einem kurzfristigen Wirtschaftsaufschwung, der aber in den nachfolgenden Jahren durch Konkurse und Kurzarbeit wieder erlahmte.

Die Zeit von 1918 bis 1933

Föhrich-Straße mit den Föhrich-Stuben

Terrakotta am Eingang der Föhrich-Gaststätte

Um die Wohnungsnot zu lindern, kaufte die Stadt ab 1920 im Föhrich günstiges Baugelände für neue Wohnbauten. Dort entstand bis 1929 die vom Stadtbaumeister Holstein großzügig geplante städtische Föhrich-Siedlung, die von einem ersten „Hochhaus" geprägt war. Daneben baute die 1922 gegründete Heimstättenkolonie Feuerbach bis 1933 insgesamt 216 Wohnungen in qualitätsvollen Eigenheimen mit Gärten sowie etliche Miethäuser. Dieser neu entstandene Stadtteil im Westen wurde bald scherzhaft „Feuerbach Wild-West" genannt.

◀ 1930 wurde der einfache Holzbau der Föhrich-Kirche eingeweiht, der von einer Holzbaufirma aus Lindau innerhalb von zwei Wochen auf einem vorbereiteten Fundament errichtet worden war.

Heldengedenkstätte auf dem Feuerbacher Friedhof, 1929 von Holstein errichtet

Die Industrie wird weiter ausgebaut

Die Mercedes Weinbrennerei Hirsch & Mayer hatte ihre Produktionsstätte in der Wartbergstraße 21. Bekannt wurde sie nicht nur durch ihre Branntweine und Liköre, sondern auch durch die deutsche Lizenzherstellung der beliebten italienischen Marke „Vermouth Branca".

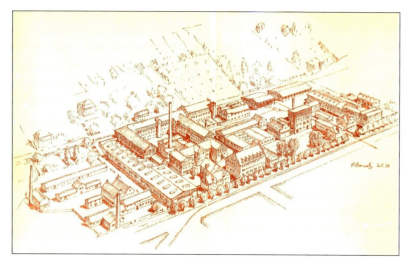

Die Lederfabrik Roser in der Stuttgarter Straße 13–17 ließ sich durch den prominenten Vertreter der „Stuttgarter Schule", Architekt Paul Bonatz, ihr Werk in den 20er-Jahren durch prägende Backsteinbauten erweitern.

Die Hartchromveredlung der Gebrüder Schoch, Gutenbergstraße 6–8, wurde 1925 als Galvanisieranstalt gegründet. Sie war mit der Marke „Eloxal" für beschichtete Aluminiumteile eines der technisch führenden Unternehmen ihrer Branche in Europa.

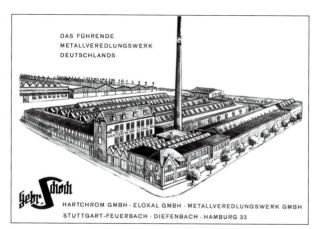

Die Zeit von 1918 bis 1933

Der Volkswagen aus Feuerbach

Das Standard-Superior-Modell von 1934 war ein früher Volkswagen. Ganz offensichtlich ließ sich der Konstrukteur Ferdinand Porsche von dieser Karosserie mit dem käferförmigen Heck inspirieren.

Der stromlinienförmige Wagen bot Platz für zwei Erwachsene und zwei Kinder. Der wassergekühlte 500-cm^3-Zweizylinder-Heckmotor ermöglichte eine Höchstgeschwindigkeit von 75 bis 80 Stundenkilometer – Werbeanzeige von 1934.

Wilhelm Gutbrod und Gustav Rau gründeten 1926 in einer alten Kaserne in Ludwigsburg die Fahrzeugfabrik „Standard". Am Anfang wurden vor allem Motorräder produziert, die bald bei internationalen Rennen Erfolge erzielten. Im Jahr 1933 zog das Unternehmen nach Feuerbach in die Borsigstraße 3–5 um. Dort baute man neben robusten Kleintransportern auch erste Personenwagen. Das Standard-Superior-Modell von 1934 kostete 1590 Mark, und war, lange vor Ferdinand Porsches VW aus Wolfsburg, der „schnellste und billigste deutsche Volkswagen". Die leichte Karosserie des Superiors bestand aus zweifarbig lackiertem Sperrholz. Der Konstrukteur des erst „Maikäfer" genannten Prototyps, Josef Ganz, musste unter dem Druck der Gestapo und wegen seiner jüdischen Herkunft 1934 ins Ausland emigrieren. Weil sich das erfolgreiche Unternehmen in Feuerbach nicht mehr genügend ausdehnen konnte, zog es 1937 nach Plochingen um, wo aber die Produktion durch den Zweiten Weltkrieg rasch zum Erliegen kam. In der Nachkriegszeit wurden unter dem Namen „Gutbrod" bis 1950 wieder Transportfahrzeuge, Traktoren und kleine Pkws auf den Markt gebracht.

Motorrad-Werbung von Standard

Die Geschichte von Feuerbach

Der Waldhof

Das Café Waldhof im Feuerbacher Tal im Gewand Laylen kurz vor Botnang war ein beliebtes Ausflugsziel. Es gehörte zu einem Bauernhof, der auch als Milchkuranstalt angepriesen wurde – 1914.

Das Ausflugslokal Hohe Warte, das nach dem Besitzer Eugen Brack meist nur „die Bracke" genannt wurde.

Naherholung

Im Sommer 1925 wurde das Städtische Luft- und Sonnenbad auf der Schillerhöhe im Gewand Birkenwäldle (heute Höhenfreibad Killesberg) eröffnet, das 1927 ein 30×12 m großes Schwimmbassin erhielt. Wegen des großen Zuspruchs der Bevölkerung musste das Bad in den folgenden Jahren mehrmals erweitert werden.

1928 übernahm der Schwimmverein Wasserfreunde das Wendel'sche Schwimmbad (Waldbad) in der Kohlgrube. Dieses Bad entstand 1907 als privates Bad der Familie Wendel in deren Garten und wurde durch eine Quelle mit Frischwasser versorgt.

Die Zeit von 1918 bis 1933

Zur Eröffnung der neuen Straßenbahnverbindung nach Weilimdorf säumte eine riesige Menschenmenge den Bahnhofsplatz, wo die elf festlich geschmückten Straßenbahnwagen mit den Festgästen Richtung Weilimdorf–Gerlingen abfuhren. Mehr als 400 Pendler, die bisher bei Wind und Wetter zu Fuß nach Feuerbach unterwegs gewesen waren, konnten nun diese neue Verbindung nutzen.

Städtische Höhepunkte

Gruppenbild der Gemeindevertreter von Feuerbach und Weilimdorf anlässlich der Vereinigung 1929

Feuerbacher Straßenbahnzug mit weißem Anstrich und roten Zierstreifen

Bau der Straßenbahntrasse durch das Pfostenwäldle nach Weilimdorf

Zur Sicherung ihrer Selbstständigkeit gründete die Stadt Feuerbach eine eigene Straßenbahngesellschaft. 1926 wurde die Linie nach Weilimdorf–Gerlingen eingeweiht. Am 1. April 1929 schlossen sich Feuerbach und Weilimdorf nach einer Bürgerabstimmung zusammen. Mit der Eingemeindung des noch ländlich geprägten Dorfes erhoffte man sich eine große Zukunft für die Erweiterung der Stadtgemeinde. Durch den Zusammenschluss mit Weilimdorf konnte die Stadt ihre Markung mehr als verdoppeln. Der gleichzeitig angestrebte Anschluss Zuffenhausens stieß wegen der schlechten finanziellen Lage dieser Gemeinde auf etlichen Widerstand. Nachdem sich eine große Mehrheit der Zuffenhauser Bürger für eine Vereinigung mit Stuttgart ausgesprochen hatte, wurde Zuffenhausen 1931 Vorort von Stuttgart.

Die Geschichte von Feuerbach

1925/26 ließ die Stadtgemeinde ein Heimatmuseum bauen, um die von Stadtpfarrer Kallee ausgegrabenen Alamannenfunde auszustellen. Der im ersten Stock des Gebäudes wohnende Kallee blieb bis zu seinem Tode der erste Museumsleiter.

1931 entstand an der Weilimdorfer Straße das im Stil der „Neuen Sachlichkeit" errichtete Turnerheim.

Ab Mitte der 20er-Jahre ging es wirtschaftlich wieder aufwärts. So wurden von der Stadt Feuerbach unter der Leitung von Oberbürgermeister Wilhelm Geiger neue Straßen erschlossen, moderne Gemeindebauten errichtet und die Straßenbahnlinie nach Weilimdorf–Gerlingen gebaut. Als Anfang der 30er-Jahre die Weltwirtschaftskrise auch Feuerbach erreichte, vergab die Gemeinde zur Unterstützung der Arbeitslosen verschiedene Notstandsarbeiten an die Bauwirtschaft.

Modernste gemeindeeigene Müllabfuhr

Bis 1931 wurde durch den Stadtbaumeister Holstein der moderne Ziegelbau des Sammelgebäudes, Ecke Wiener/Leobener Straße, erstellt. Es diente der Zusammenfassung verschiedener städtischer Ämter und der Feuerwehr. Zusätzlich beherbergte das Gebäude Wohnungen für die Bediensteten.

Herrschaft der Nationalsozialisten und Krieg 1933 bis 1945

Feuerbacher SA-Zug in Stuttgart

Die Geschichte von Feuerbach

Das rote Feuerbach

Der Feuerbacher Gemeinderat besichtigt im Jahr 1929 die Firma Bosch. Als einziges weibliches Mitglied erkennt man die Witwe des Fabrikanten Happold.

▲ SPD beim Wahlkampf in Feuerbach um 1932

▼ KPD-Gruppe beim Begräbnis eines Mitglieds

Der hohe Industrialisierungsgrad Feuerbachs schuf eine bewusste Arbeiterschaft, die sich schon früh organisierte. Deshalb waren die Arbeiterparteien in der Gemeinde bis 1933 die stärksten Kräfte. Bei der Reichstagswahl 1907 errangen z.B. die Sozialdemokraten 1586 Stimmen, die Volkspartei 698 Stimmen und die katholische Zentrumspartei nur 45 Stimmen. Bis zu ihrer Machtübernahme hatten die Nationalsozialisten in Feuerbach deshalb einen schweren Stand und auch bei Hitlers Machtergreifung nur zwei Sitze im Gemeinderat. Als 1926 der NS-Propagandist Goebbels im „Hirsch" auftrat, kam es zu solchen Tumulten, dass dieser durch die Hintertür zum Bahnhof flüchten musste.

Letzter Versuch, die Demokratie zu retten – 1933

Herrschaft der Nationalsozialisten und Krieg 1933 bis 1945

Zwangseingemeindung zu Stuttgart

Eingemeindungsfeier in der Stadthalle am 1. Mai 1933

Umzug in der Stuttgarter Straße am 1. Mai 1933. Auffallend ist, dass die Mehrheit der Teilnehmer noch in Zivil auftritt.

Pflanzung einer Adolf-Hitler-Eiche auf der Schillerhöhe an Hitlers Geburtstag am 20. April 1933

Die Nationalsozialisten kamen am 30. Januar 1933 in Berlin an die Macht. Obwohl die Reichstagswahl am 5. März 1933 auch in Feuerbach einen Zugewinn für die NSDAP brachte, überwogen die Stimmen für die Arbeiterparteien noch deutlich. Am 10. März marschierte jedoch die SA in Feuerbach auf und hisste am Rathaus die Hakenkreuzfahne. SA, SS und der Stahlhelm wurden als Hilfspolizei herangezogen, um die Vertreter der Arbeiterparteien, darunter etliche Stadträte, zu verhaften. Oberbürgermeister Wilhelm Geiger wurde nach 32 Jahren erfolgreicher Tätigkeit gezwungen „aus Gesundheitsgründen" zurückzutreten. An seine Stelle setzte man einen Stadtkommissar der NS-Partei ein. Eine seiner ersten Amtshandlungen war die Umbenennung der Stuttgarter Straße in Adolf-Hitler-Straße. Ohne Bürgeranhörung wurden zum 1. Mai 1933 die mehr als 26 000 Einwohner Groß-Feuerbachs nach Stuttgart zwangseingemeindet.

Die Geschichte von Feuerbach

Die neuen Herren

Am 1. Mai 1933 fand in der Turn- und Festhalle eine Eingemeindungsfeier statt und in den Kirchen wurden Festgottesdienste abgehalten. Danach formierte sich ein großer Umzug durch Feuerbach, angeführt von den uniformierten Vertretern der neuen Machthaber. In den nächsten Wochen wurden alle nicht parteikonformen Organisationen verboten, z.B. die Arbeitersportvereine Feuerbachs, und ihre Vereinsheime und Einrichtungen beschlagnahmt. Nach und nach wurden alle weiteren Organisationen, auch konfessioneller Art, gleichgeschaltet. Auf den Straßen patrouillierten nun SA- und SS-Männer gemeinsam mit der Polizei. Eine große Zahl der Mitglieder der Arbeiterparteien wurde verhaftet und kam in „Schutzhaft" in die Konzentrationslager Heuberg oder Kuhberg in Ulm. Als 1936 wieder gewählt wurde, enthielt der Wahlvorschlag nur noch die Möglichkeit, die NSDAP zu wählen. Durch die von dem nationalsozialistischen Regime betriebene intensive Aufrüstung kam die Wirtschaft wieder in Gang. Die meisten, die dadurch wieder Arbeit bekamen, erkannten nicht, dass dieser Kurs zwingend in den Krieg führen musste. Schon 1936 wurden in Feuerbach, wie in ganz Stuttgart, die ersten Luftschutzübungen abgehalten.

Feuerbacher SA-Sturm vor der Festhalle

Propagandawagen der NSDAP vor der neuen Markthalle

Die Stuttgarter Straße wurde nach der Eingemeindung zur Adolf-Hitler-Straße umbenannt.

Herrschaft der Nationalsozialisten und Krieg 1933 bis 1945

Das neu errichtete Sportlerheim im Feuerbacher Tal wurde 1933 für die „SA-Standarte 119" enteignet.

Die Hitlerjugend, die vor 1933 keine Rolle in Feuerbach gespielt hatte, wurde zur einzigen zugelassenen Jugendorganisation. Aufmärsche prägten nun das Ortsbild wie hier am 1. Mai 1936.

Alle Alters- und Berufsgruppen waren in den verschiedenen NS-Organisationen streng organisiert. Bürger jüdischer Herkunft wurden zuerst diskriminiert, dann enteignet und vertrieben. Wer nicht flüchten konnte, wurde später deportiert und ermordet. Am 1. April 1938 wurden anlässlich des offiziellen Besuchs Hitlers in Stuttgart in Feuerbach viele Straßen im Ortskern nach österreichischen Orten und Landschaften, „der neuen von Hitler zum Reich geholten Ostmark", benannt. Diese Umbenennungen gelten noch heute.

Zug des Bunds deutscher Mädchen (BDM)

Die Geschichte von Feuerbach

Neue Bauten

1936 wurden auf den Föhrich-Äckern vom gemeinnützigen Bau- und Wohlfahrtsverein 47 Familienwohnhäuser mit 234 Wohnungen erstellt. 1939 wird das Gebiet Tannenäcker umgelegt.

Weil die 1895 erbaute erste katholische Kirche längst zu klein geworden war, wurde 1933 der Grundstein für die neue katholische Kirche St. Josef gelegt. Die Führer der Nationalsozialisten waren mit einem Spalier von SA-Männern und einer Abteilung des Stahlhelms zum Festakt angetreten. Ein Jahr später wurde die katholische Kirche eingeweiht.

Das 1937 gebaute Freizeitheim im Föhrich sollte den Parteiangehörigen der NSDAP dienen.

Das sogenannte „Braune Haus" in der Wiener Straße 102 war der Sitz des Ortsgruppenleiters der NSDAP und Treffpunkt der Hitlerjugend.

Reichsgartenschau Sommer 1939

Die Ausläufer Feuerbachs mit dem Killesberg-Areal um 1935

In den Steinbrüchen mussten riesige Schutt- und Müllhalden ausgeräumt werden.

Durch die Eingemeindung Feuerbachs kam Stuttgart auch zu dem großen Brachgelände auf dem Killesberg, wo einst die Feuerbacher Steinbrüche lagen. Diese waren über Jahrzehnte nur als Müllkippe benutzt worden. Da man das Gelände für eine Wohnbebauung nicht geeignet fand, beschloss man 1935, durch Umgestaltung und Sanierung für die geplante Reichsgartenschau 1939 einen Höhenpark zu schaffen.

Aus einem im ganzen Reich ausgeschriebenen Ideenwettbewerb gingen der Potsdamer Gartengestalter Hermann Mattern und sein Partner, der Architekt Gerhard Graupner, mit ihren Entwürfen als erste Preisträger hervor. Matterns Vorstellungen hielten sich fern vom Machtpathos der Zeit. Angepasst an die natürlichen Formen des Geländes, schuf er eine Anlage, die geschickt die Höhenunterschiede mit einer Seenterrasse überbrückte und die Felsen der ehemaligen Steinbrüche als romantische Kulisse eines Rosengartens mit einbezog. Es dauerte 2½ Jahre, bis unter großen Schwierigkeiten die ehemaligen Schutthalden in einen herrlichen Garten umgewandelt waren.

Das Gelände am Killesberg ist 1935 noch von Steinbrüchen geprägt.

Die Geschichte von Feuerbach

Offizielles Plakat der Reichsgartenschau

Die Ausstellung sollte von April bis Oktober 1939 dauern. Aus ganz Deutschland kamen viele Besucher, um die Ausstellungen und Veranstaltungen der verschiedensten Art zu besuchen. Doch zu dieser Zeit liefen längst die Vorbereitungen für den Krieg. Nach dem Einmarsch der deutschen Truppen am 1. September in Polen wurde die Reichsgartenschau auf dem Killesberg vorzeitig beendet.

Die Kleinbahn war schon 1939 eine Besucherattraktion.

Aus dem „Feuerbacher Bädle" wurde das Höhenfreibad Killesberg.

Dort, wo sich einst die Feuerbacher Steinbrüche befanden, entstand nun das „Tal der Rosen".

Herrschaft der Nationalsozialisten und Krieg 1933 bis 1945

Krieg

1939 wurden unter dem Bahnhofsvorplatz und im Föhrich erste Luftschutzbunker gebaut. In Feuerbach entstanden nach Kriegsbeginn große Arbeitslager für Zwangsarbeiter und Kriegsgefangene, die in den Feuerbacher Betrieben arbeiten mussten. Allein im Arbeitslager der Firma Bosch beim Schützenhaus waren über 1000 Russinnen und Russen untergebracht. In der Festhalle wurden französische Kriegsgefangene eingesperrt. Etliche Luftschutzstollen entstanden 1943 in Eigenarbeit durch die in der Heimat verbliebenen Frauen. In Feuerbach wurden insgesamt 15 Bunker und Stollen gebaut.

Nach Kriegsbeginn am 1. September 1939 brachten zuerst deutsche Bomber den Luftkrieg in andere Länder-Werbung von Bosch.

Frauen, Kinder und alte Männer beim Stollenbau um 1943. Nur wer sich am Bau beteiligte, erhielt einen Ausweis zum Betreten des Bunkers.

Die Geschichte von Feuerbach

Das brennende Feuerbach 1944 – Aquarell von Richard Albrecht

Im Krieg erlitt Feuerbach wegen seiner kriegswichtigen Industriebetriebe viele Luftangriffe, die dem Ort noch heute sichtbare Wunden schlugen. Bei einem der ersten Angriffe am 11. März 1943 wurde die Solitude-Schule durch Bomben zerstört. Die schlimmsten Angriffe erfolgten jedoch erst in den Jahren 1944 und 1945. Oft wurden die Menschen mitten in der Nacht durch die gellenden Alarmsirenen aus dem Schlaf gerissen. Wenige Minuten blieben, um sich anzuziehen und die Luftschutzbunker mit dem Notkoffer zu erreichen. Bang lauschte man den Erschütterungen und Einschlägen in der Hoffnung, das eigene Heim bliebe verschont. Nach der Entwarnung stolperte man hinaus in die noch brennenden und rauchenden Straßen, wo Zeitzünder die Löschmannschaften in Gefahr brachten. Der Angriff vom 21. Februar 1944 brachte schwere Zerstörungen bei den Firmen Bosch und Kast & Ehinger. Am 2. März 1944 wurde die Reichsgartenschau schwer getroffen.

Nach einem Luftangriff rund um die katholische Kirche – 1944

Torbogen der ehemaligen Zehntscheuer

Ganze Straßenzüge wurden schwer beschädigt.

Herrschaft der Nationalsozialisten und Krieg 1933 bis 1945

Die Feuerbacher Schuljugend wurde im Oktober 1943 nach Schwenningen verlagert, um sie vor den Luftangriffen in Sicherheit zu bringen. Die 16- und 17-jährigen Jungen der oberen Klassen wurden auf den Höhen um Feuerbach als Luftwaffenhelfer an Geschützen, Scheinwerfern und als Beobachter eingesetzt.

Links und oben: Gymnasiasten am Flakgeschütz auf der Banzhalde

Am 16. Juli 1944 fielen Bomben auf die Firma Roser, eine Sprengbombe zerstörte die alte katholische Kirche und beschädigte das Pfarrhaus schwer. Der katholische Pfarrer Waibel fotografierte trotz Verbot vom Kirchturm die Zerstörungen rings um seine Kirche, was ihm die Verhaftung durch die Gestapo einbrachte.

Das war einmal die erste katholische Kirche.

Das zerstörte Gasthaus „Völkerburg" in der Wiener Straße

Die Geschichte von Feuerbach

In der Oswald-Hesse-Straße

Am 26. Juli 1944 gab es wieder einen Großangriff auf Feuerbach, drei Tage später richteten Brandbomben schwere Schäden am Killesberg, beim Leder-Roser und im Föhrich an. Am 10. September 1944 traf es die beiden evangelischen Kirchen, während zwischen 19. und 20. Oktober dichte Rauchwolken über den Bosch-Werken standen. Bis zum 1. April 1945 musste Feuerbach noch fünf schwere Bombardements ertragen.

Zurück blieben Trümmerberge – fast die Hälfte des Ortskernes war zerstört, ganze Straßenzüge lagen in Schutt und Asche. In Feuerbach wurden 650 Gebäude total zerstört, 536 erlitten schwere Beschädigungen. Insgesamt starben 804 Menschen aus Feuerbach als Opfer des Krieges, davon waren 175 Opfer der Bombenangriffe.

Die Firma Herz & Kops nach dem Angriff

Zerstörter Eingang zum Krankenhaus

Durch die zerstörte Kapfenburgstraße

Herrschaft der Nationalsozialisten und Krieg 1933 bis 1945

1940 konnte Robert Bosch noch das von ihm gespendete Robert-Bosch-Krankenhaus oberhalb der Prag einweihen. Dieses Krankenhaus sollte in erster Linie Feuerbach und den nördlichen Vororten Stuttgarts zur Verfügung stehen.

Die Produktion bei Bosch lief während des Krieges durch den Einsatz der Frauen – und vieler ausländischer Zwangsarbeiter – auf Hochtouren. Das Werk wurde aber durch Luftangriffe immer mehr in Mitleidenschaft gezogen.

Links und unten: Zerstörungen durch Fliegerangriffe im Bosch-Werk Feuerbach

Die Geschichte von Feuerbach

Die Opfer

Gedenkstein für die Opfer des Nationalsozialismus auf dem Feuerbacher Friedhof

Diese exemplarischen Schicksale seien stellvertretend für die anderen Namen genannt, die auf dem Feuerbacher Friedhof auf dem Stein der Gedenkstätte für die Opfer des Nationalsozialismus auf dem Feuerbacher Friedhof zur Erinnerung eingemeißelt wurden.

Hermann Weißhaupt (1908–1930)

Hermann Weißhaupt wuchs in Feuerbach in der Tunnelstraße 23 auf. Er wurde das erste nationalsozialistische Gewaltopfer aus Feuerbach. Die Zeitzeugin Gertrud Müller berichtet: *„Ein anderer guter Freund war Hermann Weißhaupt. Der war ein wirklich fröhlicher Mensch, dabei hatte er es in seinem Leben nicht leicht. Weil er Mitglied im Kommunistischen Jugendverband war, ist er von seiner katholischen Mutter aus der Wohnung rausgeschmissen worden; zudem war er arbeitslos. Ohne Arbeit zu sein, war zu dieser Zeit sehr schwer. Hermann besaß zum Beispiel nur ein einziges Hemd und das war das blaue Hemd der KJVD. Manchmal kam er mit seinem kleinen Essgeschirr*

Hermann Weißhaupt

zu meiner Mutter, und sie hat ihm etwas Essen gezaubert."
Am 8. November 1930 fand eine öffentliche Veranstaltung der Nationalsozialisten in der alten Turnhalle am Kelterplatz in Zuffenhausen statt. Zu dieser erschienen auch etwa 40 Kommunisten aus Feuerbach. *„Als unsere Genossen den Saal betreten wollten, wurden sie von den Nazis niedergestochen. Das waren Ludwig Herr, Emil Rühlemann aus Feuerbach, ein Genosse aus Zuffenhausen, mein Freund Hans und Hermann Weißhaupt. Unsere Leute kamen schwerverletzt ins Feuerbacher Krankenhaus. Hermann Weißhaupt wurde buchstäblich der Bauch aufgeschlitzt. Vierzehn Tage später ist er unter qualvollen Schmerzen gestorben."*
Der Mörder wurde vor Gericht gestellt und zu zwei Jahren Haft verurteilt. Beim Machtantritt der Nazis kam er vorzeitig frei und wurde in einem Wiederaufnahmeverfahren freigesprochen; 1939 erhielt er von der NS-Partei den Blutorden verliehen.

Jakob Kraus (1904–1943)

Jakob Kraus wurde in Ingolstadt geboren und machte dort eine Bäckerlehre. Nachdem er in seinem Beruf keine Arbeit mehr fand, bekam er 1930 in Feuerbach einen Arbeitsplatz als Schleifer bei der Metallfabrik Thürrauch. Er konnte nun heiraten und zog mit seiner Frau in die Klagenfurter Straße 11.
Schon früh politisch engagiert, wurde Kraus 1931 für die KPD in den Feuerbacher Gemeinderat gewählt. Als 1933 der Gemeinderat durch die Nationalsozialisten aufgelöst wurde, setzte er seinen Widerstand gegen die braunen Machthaber fort. Er klebte Plakate und wurde wegen Verbreitung illegaler Druckschriften von der Gestapo verhaftet. 1934 wurde Kraus wegen „Vorbereitung

Herrschaft der Nationalsozialisten und Krieg 1933 bis 1945

Jakob Kraus (Bildmitte)

zum Hochverrat" zu 5½ Jahren Zuchthaus verurteilt, die er in Ludwigsburg und Bruchsal verbüßen musste. Nach einem vorübergehenden Aufenthalt in einer psychiatrischen Klinik in Heidelberg, verursacht durch die brutalen Haftbedingungen, wurde er im Dezember 1939 entlassen. Weil Kraus seinen Widerstand nicht aufgab, wurde er im November 1942 zum zweiten Mal verhaftet und ins Stuttgarter Polizeigefängnis, die berüchtigte „Büchsenschmiere", gesperrt. Am 27. Januar 1943 wurde seiner Frau von der Gestapo mitgeteilt, dass Jakob Kraus sich im Abort seiner Zelle erhängt habe. Aber offensichtlich starb Kraus eines gewaltsamen Todes verursacht durch schwere Misshandlungen. Als die Witwe den Leichnam ihres Mannes entgegen der Anweisung durch die Polizei vor der Verbrennung noch einmal mit Zeugen ansehen konnte, trug er keine Spuren einer Strangulation; die Kleidung des Verstorbenen aber bekam sie blutgetränkt und völlig zerrissen zurück.
In Feuerbach wurde im Neubauviertel Walpenreute eine Straße zum Gedenken an den einstigen Stadtrat Jakob Kraus benannt.

Karl Wilhelm (1912–1945)

Der kleine Karl, geboren in der Brandgasse 12, verlor schon im Alter von vier Jahren seinen Vater im Ersten Weltkrieg an der Westfront. Weil die Mutter seit seiner Geburt kränklich war, konnte sie keiner Erwerbstätigkeit nachgehen und war auf eine kärgliche Witwenrente angewiesen. So lernte Karl schon früh die Not eines Arbeiterkindes kennen.
Nach der Beendigung der Volksschule machte er eine Mechanikerlehre. Mit 15 Jahren trat Karl Wilhelm dem Metallarbeiterverband bei und ein Jahr später wurde er Mitglied der Naturfreundejugend in Feuerbach. Begeistert wanderte er mit seinen Freunden hinaus in die Natur,

Karl Wilhelm als Häftling im KZ Dachau

besonders wenn es in die geliebten Berge ging. Nach Beendigung der Lehre wurde er, wie viele damals, arbeitslos. In dieser Zeit schloss er sich den Kommunisten an.
Als im Januar 1933 Hitler an die Macht kam, war ihm bewusst, dass dies nicht nur die Zerschlagung der Arbeiterbewegung, sondern letztlich auch den Krieg bringen würde. Diesen Krieg, der ihm verhasst war, weil er ihm den Vater und der Familie den Ernährer genommen hatte. Deshalb beteiligte er sich an den Aktivitäten einer antifaschistischen Gruppe in Feuerbach.
Im Frühjahr 1934 wurde er verhaftet und wegen „Vorrätigkeitshaltung kommunistischer Druckschriften" zu 11 Monaten Haft verurteilt. Nach deren Verbüßung wurde er 1935 bald wieder verhaftet und nun wegen illegaler Tätigkeit für die KPO zu weiteren 2½ Jahren Zuchthaus verurteilt. Anschließend kam Karl Wilhelm ohne Urteil für sieben Jahre ins Konzentrationslager Dachau. 1944 wurde er zwangsweise in das „Todeskommando" der berüchtigten SS-Brigade Dirlewanger gepresst, bei der er in Polen bei einem Rückzugsgefecht im Artilleriefeuer umkam.

Helene Wöhr (1915–1942)

Helene Wöhr wurde 1915 in Stuttgart als uneheliches Kind der Schneiderin Anna Bauer geboren. Als diese 1919 den Feuerbacher Conrad Wöhr heiratete, adoptierte dieser Helene und sie erhielt seinen Namen. Man zog zusammen in die heutige Oswald-Hesse-Straße 86. Nach der Beendigung der Schulzeit in der Bismarckschule machte Helene eine Ausbildung als Kinderpflegerin in der Fröbelschule. Zur praktischen Ausbildung arbeitete sie als Kinderfräulein in verschiedenen Familien in Göppingen und in Feuerbach. Aufgrund

Die Geschichte von Feuerbach

Helene Wöhr als Kindermädchen in Feuerbach

Die Familie Reinhardt

An der Ecke Stuttgarter Straße/Linzer-Straße erinnern sieben „Stolpersteine" an die dort einst wohnenden Mitglieder der Familie Reinhardt, die im Vernichtungslager Auschwitz als „Zigeuner" aus rassischen Gründen ermordet wurden. Die Gedenksteine blieben auf Wunsch der Familie namenlos.

der Nürnberger Gesetze wurde ihr jedoch als sogenannte „Dreivierteljüdin" 1936 das abschließende Staatsexamen verwehrt. Sie betreute in der nachfolgenden Zeit die drei Kinder des Feuerbacher Drogisten Heydt, denen sie als ihre „Nene" in bester Erinnerung blieb. Doch auf Druck der Nazis musste sie diese Stellung in einem „arischen Haushalt" aufgeben. So begann sie als Alternative eine kaufmännische Lehre in der privaten Handelsschule Zimmermann, musste aber auch diese Ausbildung nach wenigen Monaten abbrechen. Am 27. November 1941 holten sie Gestapobeamte ab und brachten sie in das Sammellager auf dem Killesberg. Vier Tage später wurde sie mit dem ersten Judentransport vom Stuttgarter Nordbahnhof mit 1000 anderen Juden aus Württemberg in ein Lager bei Riga transportiert, wo sich ihre Spur verliert. Vermutlich ist sie dort im Sommer 1942, wie fast alle ihrer Leidensgenossen, im sogenannten „Birkenwäldchen" erschossen worden.

Oben rechts:
Stolpersteine für die
Familie Reinhardt

Unten rechts:
Franz Reinhardt

Nachkriegsjahre

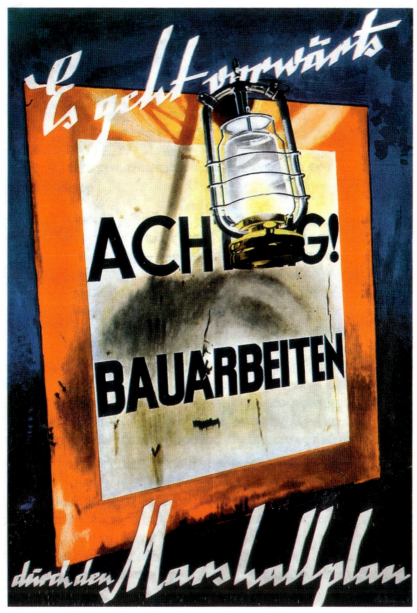

Werbeplakat für den Marshallplan, ein großes amerikanisches Wiederaufbauprogramm

Die Geschichte von Feuerbach

Blick aufs Oberdorf – 1949

Aufruf der Arbeitsausschüsse

Kriegsende und Wiederaufbau

Arbeitsausschussausweis des Feuerbacher Sportpioniers Wilhelm Braun – 1946

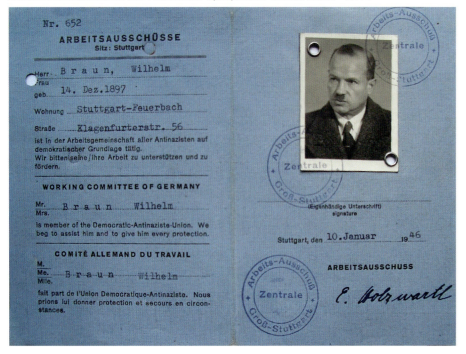

Französische Truppen besetzten am 22. April 1945, von Weilimdorf kommend, kampflos Feuerbach. Stuttgart war bereits einen Tag vorher übergeben worden. Der französische Ortskommandant nahm sein Quartier im Gasthaus „Schillerhaus". Die Einwohnerzahl Feuerbachs war bis Kriegsende auf 11 000 gesunken, die anderen waren ausgebombt, evakuiert oder ums Leben gekommen.

Spontan bildeten sich in den ersten Wochen Arbeitsausschüsse aus politisch unbelasteten Bürgern, darunter auch viele Gemeinderatsmitglieder aus der Zeit vor 1933. Sie wollten in den chaotischen ersten Wochen für Ordnung sorgen und die Versorgung der Bevölkerung mit Nahrungsmitteln, Wohnraum und Brennstoff sichern. Für die Trümmerbeseitigung und weitere öffentliche Arbeiten zog man vor allem ehemalige Nationalsozialisten heran. Vertreter der Arbeitsausschüsse fuhren aufs Land und kauften Kartoffeln, Gemüse und sogar Vieh, um die Ernährung der Bevölkerung zu gewährleisten.

Nachkriegsjahre

Eine der wichtigsten Aufgaben bestand darin, den Wiederaufbau von Wohnungen und Schulen zu organisieren. Dies dauerte bis weit in die 50er-Jahre hinein. Viele Einwohner, darunter zahllose Vertriebene, lebten in Baracken, Bunkern und Notwohnungen. Ganze Straßenzüge im Ortskern und viele historische Gebäude wie das alte Rathaus und zwei Schulen waren für immer verloren. Die schwer beschädigte Kelter konnte 1947, das Rathaus bis 1949 und der Bahnhof bis 1950 wieder aufgebaut werden.

Der alte Hirschbrunnen stand lange in den Weinbergen an der Hohen Warte.

Ruinen in der Mühlstraße

Notbau der Stadtdrogerie

Provisorien prägten das Zentrum Feuerbachs.

Käuferschlangen beim Gärtner Müller gegenüber vom heutigen Standort des Hirschbrunnens

Die Geschichte von Feuerbach

Walter Rieker in seinem Altwarengeschäft in der Mühlstraße. Zu jener Zeit blühte der Altwarenhandel – da es kaum neue Waren gab, war man darauf angewiesen, aus Altem wieder Neues zu schaffen oder gebrauchte Gegenstände wiederzuverwenden.

Das Lokal Lindenstüble und der Gemüseladen Gutenberger bei der Bismarckschule – um 1952

Der Turm der Mauritiuskirche steht wieder – 1956.

In der Not der Kriegs- und Nachkriegsjahre, besonders als die Männer noch nicht heimgekehrt waren, war der Zusammenhalt besonders groß. Nachbarinnen treffen sich in der Gaisgasse im Hof.

1947 wurden die Stuttgarter Verwaltungsgrenzen neu definiert. Dabei wurden das bisher zu Feuerbach gehörende Killesberggebiet, die Lenbach-, Menzel- und Thomastraße und das Gebiet Im Steinberg dem Stadtbezirk Stuttgart-Nord zugeschlagen. Botnang erhielt das ehemalige Waldcafé und den Reiterhof, während das neue Schützenhaus bei Feuerbach verblieb. Zu Feuerbach kamen im Gegenzug das Areal des ehemaligen Proviantamts und die Siemensstraße.

Erster Bezirksbürgermeister wurde der Sozialdemokrat Rudolf Gehring, der dann im Mai 1946 in den Stuttgarter Gemeinderat gewählt wurde. Bis 1947 war die Einwohnerzahl Feuerbachs wieder auf 21 000 angestiegen. 1949 konnte am Kirchweihsonntag die evangelische Stadtkirche wieder eingeweiht werden, die Rekonstruktion des Turmes sollte allerdings noch bis 1956 dauern. Bis 1950 war die Trümmerbeseitigung im Wesentlichen abgeschlossen.

Vorkrieg und Nachkrieg

Wie durch ein Wunder blieb das Gesamtbild des Oberdorfs trotz der Kriegsschäden weitgehend bewahrt. Allerdings darf man nicht vergessen, dass fast die ganze Klagenfurter Straße mit dem alten Rathaus vernichtet wurde und so manches Einzelhaus verschwand.

Die Geschichte von Feuerbach

Weinlese 1948 und 1949

Bis in die 50er-Jahre des 20. Jahrhunderts hielt sich in einigen Familien der Weinbau als Vollerwerb. Die Hauptanbauflächen befanden sich auf dem Südhang des Lembergs, der Hohen Warte und auf der Burghalde.

Zum Glück fielen die Weinernten in den Nachkriegsjahren gut aus. Auch kehrten die Männer nun nach und nach wieder aus der Kriegsgefangenschaft zurück. In der schlechten Zeit konnte man den Wein als Tauschmittel gut verwenden.

Nachkriegsjahre

Neubau Hohewartschule

Neue Schulen und Siedlungen

Blick zur ECA-Siedlung

Schulhof Hohewartschule

Besonders dringlich war der Bau von Schulen in Feuerbach – für 2500 Schüler gab es 1949/50 gerade noch eine Schule mit 24 Schulräumen. So wurden in der Unterstufe der Bismarckschule noch 77 Schüler pro Klasse unterrichtet. Weil die Toiletten für die Schüler nicht ausreichten, mussten behelfsmäßige Gruben angelegt werden. Erst Ende 1952 erfolgte die Einweihung der Hohewartschule als Nachfolgerin der im Krieg zerstörten Solitude-Schule. Die Anlage der Architekten Marohn war der erste große Schulneubau nach dem Krieg in Stuttgart. Die Schule im Pavillonstil war für rund tausend Kinder geplant worden, musste aber 1972 erweitert werden. Auch das spätere Leibniz-Gymnasium war teilweise zerstört worden und musste nach dem Wiederaufbau 1949 noch die Kaufmännische Berufsschule mit aufnehmen. Feuerbach entwickelte sich durch Neubauten immer mehr auf die freien Plätze in Richtung Hohe Warte, Föhrich und Lemberg. Seit den 50er-Jahren wurde zur besseren Anbindung Feuerbachs und Weilimdorfs an den Stuttgarter Kessel eine Autotrasse über die Hohe Warte und das Feuerbacher Tal geplant, die durch einen Tunnel unter dem Azenberg mit dem Stadtzentrum verbunden werden sollte. Erst in neuerer Zeit hat man sich aus Umweltschutzgründen von dieser Idee verabschiedet.

Die Geschichte von Feuerbach

Die Siedlung im Jahr 2009

ECA-Siedlung „Am Heimberg" 1952/53

Jedes Haus hat einen Garten.

Hausinneres

Im Rahmen eines vom Marshallplan finanzierten Projektes des Bundeswohnungsministeriums in 15 ausgewählten deutschen Städten wurde in Feuerbach 1952/53 die ECA-Siedlung errichtet. In einem gestalterischen Wettbewerb sollten neue technisch-konstruktive und wirtschaftliche Lösungen für den Wohnungsbau gefunden werden. Der Preisträger Gero Karrer plante die 1½-geschossigen Reihenhäuser der Siedlung „Am Heimberg", deren Fassaden mit Lärchenholz verschalt wurden. Der Architekt baute in unmittelbarer Nachbarschaft zur Siedlung auch sein Privathaus.

Insgesamt entstanden auf der damals größten Baustelle des Südweststaats 60 Einfamilienhäuser und 170 Etagenwohnungen in Laubenganghäusern. In diese nach dem ersten Wohnungsminister der Bundesrepublik Ernst Wildermuth benannte Siedlung zogen nach ihrer Fertigstellung Flüchtlinge, Pendler und ehemalige Bunkerbewohner ein.

Nachkriegsjahre

Der Schwarzenhof in aussichtsreicher Lage beim Höhenfreibad Killesberg wurde Mitte des 19. Jahrhunderts gebaut und um 1990 abgerissen. Im Gegensatz zu seinem Gegenstück, dem Weißenhof, war er nie ein landwirtschaftlicher Gutshof, sondern wurde meist von armen Leuten bewohnt.

Oben: Alte Winkel im Oberdorf

Die „Feuerbacher Solitude" in der Linzer Straße 95 (unten und rechts)

Im Jahr 1948, in einer Zeit größter Wohnungsnot, ließ sich der Feuerbacher Unternehmer Emil Schoch von Architekt Paul Darius ein einstöckiges Einfamilienhaus mit Kuppel auf einer Sockelterrasse, sozusagen eine verkleinerte Kopie des Lustschlosses Solitude, errichten. Das Gebäude, das in dritter Reihe in einem Park hinter der Linzer Straße lag, verfügte über 519 qm Wohnfläche und ein Schwimmbad im Untergeschoss. 1963 wurde die Villa von der Witwe Schoch an die „Kirche Jesu Christi der Heiligen der letzten Tage" verkauft. Nachdem ein Umbau zu einem Modeatelier an den Einsprüchen der Nachbarn scheiterte, erfolgte 1972 der Antrag des neuen Besitzers zum Abbruch. Diesem wurde stattgegeben mit der Bemerkung des verantwortlichen Baurechtsbeamten: „*Die Feuerbacher Solitude von Darius ‚sic pereat gloria mundi'.*" Das frei gewordene Gelände wurde danach mit mehreren Wohngebäuden bebaut.

Die Geschichte von Feuerbach

Feuerbacher Randbebauung 1952

Ausbau und Erweiterung

In den nachfolgenden „Wirtschaftswunderjahren" nach der Gründung der Bundesrepublik gab es durch den Anstieg der Industrieproduktion einen stetigen Zuzug von Bürgern. Bis 1971 erreichte Feuerbach mit über 31 000 Einwohnern einen Höchststand. Neue Siedlungen mussten zur Versorgung mit Wohnraum im Westen und Richtung Hohe Warte geschaffen werden. Daran waren besonders die örtlichen Baugenossenschaften beteiligt.

Feuerbach dehnt sich weit nach Nordwesten aus.

Nachkriegsjahre

Die Firma Bosch wurde nach dem Krieg wieder modern aufgebaut und ist immer noch der größte Arbeitgeber in Feuerbach.

Automatisierte Produktion bei Bosch

Feuerbach bleibt ein typischer Pendlerort – 1975 gab es noch 45 000 Beschäftigte bei 31 000 Einwohnern. Auch etablieren sich neben den großen Werken immer wieder neue Spezialfirmen z. B. die Gewürzhändler Hagesüd und Gewürzmüller, die Kofferfabrik Hepting, die Rohleder-Kesselschmiede, Schenk-Anhänger, Vulkan-Feuerlöscher, Fahrzeugbau Haller und das Automatenwerk Steinhauser.

113

Die Geschichte von Feuerbach

Erstes Kelterfest 1974

Im Sommer 1974 fand in und um die Kelter das erste Kelterfest des Wein-, Obst- und Gartenbauvereins Feuerbach statt. Damit wurde eine Traditionsveranstaltung begründet, die bis in die Gegenwart fortlebt.

Hirschbrunnenfest 1978

Im Mai 1978 wurde im Rahmen eines Brunnenfestes der alte, wieder renovierte Hirschbrunnen von der Hohen Warte geholt und an seinem angestammten Platz in der Ortsmitte aufgestellt. Bei dieser Gelegenheit wurde das legendäre Brunnenbad eines Polizeibüttels nochmals nachgespielt.

Brunnenfest von oben

Das Brunnenbad wird vorbereitet.

Kelterfest in historischer Kulisse

Nachkriegsjahre

Chronik 1955 bis 1975

Fronleichnamsprozession in der Oswald-Hesse-Straße

Gustav-Werner-Kirche

Hallenbad Feuerbach

In siebenjähriger Bauzeit wurde das Feuerbacher Krankenhaus ab 1952 wieder aufgebaut und auf 130 Betten erweitert.

1955 – Einweihung der evangelischen Gustav-Werner-Kirche für die Neubaugebiete Banzhalde und Wohnpark Föhrich

1956 wird der Bau des Mädchengymnasiums, heute „Neues Gymnasium", begonnen.

1957 – Einweihung der Kerschensteinerschule als zentraler Berufschule

1958 weiht die Feuerbacher Volksbank ihr Hochhaus an der Stuttgarter Straße ein.

1959 – das Christliche Jugenddorfwerk baut im Triebweg ein Wohnheim für junge Arbeiter mit 80 Plätzen.

1961 – Einweihung des neuen katholischen Gemeindezentrums bei der St.-Josefs-Kirche

1964 wird das schon 1933 versprochene Hallenbad gegenüber dem Sammelbau eingeweiht. Im gleichen Jahr wird die daneben gelegene Louis-Leitz-Schule (Kaufmännische Berufsschule) eingeweiht. Bad und Schule wurden zusammen von Architekt Lehmbruck geplant.

Am 1. Juli 1953 kommt es nach einem schweren Gewitter zu einer großen Überschwemmung im Oberdorf.

Kerschensteinerschule

Freizeitheim Triebweg

Die Geschichte von Feuerbach

1967 – Einweihung der beiden Berufs- und Fachschulen für Holz und Kunststoffe und für das Malerhandwerk

1969 – Einweihung des Alten- und Pflegeheims der Arbeiterwohlfahrt am Pfostenwäldle

1970 – Die neu gebaute Bachschule wird eingeweiht; im Neubaugebiet Fleckenweinberg wird die neue Christophskirche geweiht.

1971 – Die ersten Bewohner ziehen in den für 1200 Einwohner geplanten „Wohnpark am Triebweg".

1973 wird die katholische Kirche St. Monika geweiht.

1974 – Das Wohngebiet Banzhalde mit 950 Wohnungen wird bezogen.

1975 – Feuerbach feiert sein 900-jähriges Ortsjubiläum mit zahlreichen Veranstaltungen.

Die umgebaute Stadtapotheke

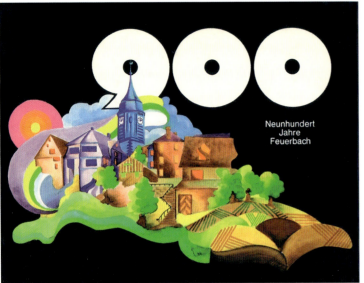

Festschrift „900 Jahre Feuerbach" – 1975

Verkehrschaos in der Stuttgarter Straße – 1985

Feuerbacher Gestalten

Die Geschichte von Feuerbach

Ernst Elsenhans, ein Vorkämpfer der Demokratie

Ernst Elsenhans, geboren am 26. September 1815 in Feuerbach – hingerichtet am 7. August 1849 in Rastatt.
Die Familie Elsenhans brachte es schon im 18. Jahrhundert in Feuerbach durch persönlichen Einsatz und Können in wenigen Jahrzehnten zu Ansehen und Vermögen. Der 1731 in Schnaitheim geborene Jäger Balthasar Elsenhans diente dem Herzog von Württemberg über 20 Jahre als Grenadier. Er heiratete 1766 Anna Maria Gehr aus Feuerbach und erwarb sich hier das Bürgerrecht. Als er seinen Abschied bekam, wurde er gegen den Willen der Gemeinde, die keine „abgehalfterten Soldaten" wollte, als Kelterknecht eingestellt. Sein 1777 geborener Sohn Johannes begann als Schuhmacher, wurde Ratsherr und 1811 zum angesehenen Kirchenpfleger gewählt. Drei Jahre später übertrug man ihm das Amt des Schultheißen von Feuerbach, das er bis zu seinem Tode 1841 ausübte. Während seiner Amtszeit waren Kriegs- und Seuchenjahre, Erntekatastrophen und Hungersnöte zu überwinden. 1814 ließ er bei einem grassierenden „Nervenfieber" ein einfaches Spital in Feuerbach einrichten, 1833 sorgte er dafür, dass die Schulkinder täglich eine warme Fleischsuppe bekamen. Unter seiner Ägide kaufte die Gemeinde die Kelter vom Staat und ließ das von der Universität Tübingen erworbene Bandhaus als Schulhaus einrichten. In zwei Ehen mit Feuerbacher Bürgerstöchtern hatte er 13 Kinder, denen er eine gute Erziehung angedeihen ließ. Die drei Söhne aus erster Ehe studierten in Tübingen Theologie, seine Töchter sind die Stammmütter von den heute noch bestehenden Feuerbacher Familien Fahrion, Gerlach, Schächterle, Benz und Hausmann geworden.

Das Elternhaus von Ernst Elsenhans lag in der Marktstraße 28 (heute Klagenfurter Straße), genau gegenüber von Rathaus und Kelter. Das Gebäude wurde im Zweiten Weltkrieg zerstört und an dieser Stelle die Rendlenstraße gebaut – Darstellung von etwa 1890.

Der Sohn Ernst Elsenhans, der 1815 geboren wurde, besuchte ebenfalls das Stift in Tübingen, wo er der Burschenschaft Germania beitrat. Es war die Zeit, als der Tübinger Dichter und Professor Ludwig Uhland mit flammenden Reden für das „gute alte Recht" eintrat und die Demokratie die Hoffnung der stürmischen Jugend war. Allerdings war für einen demokratischen Feuerkopf kein Platz im evangelischen Priesterseminar. Elsenhans musste deshalb 1840 nach einem abgebrochenen Medizinstudium von Tübingen in die Schweiz. Dort übte er seine journalistischen Fähigkeiten bei der Bündener Zeitung. Mit dem Tod des Vaters 1841 fiel die Unterstützung aus Feuerbach weg, doch mit seinen guten Sprachkenntnissen – er sprach Französisch, Englisch und war Lateiner – fand er leicht eine Stelle als Hauslehrer. 1842 kehrte Elsenhans nach Deutschland zurück, wo er zunächst bei seinem Bruder, der Pfarrer in Klosterreichenbach war, unterkam. Weil er als Lehrer in eine abhängige Bindung zur Regierung gekommen wäre, ging er lieber in das politisch lebhafte Mannheim. Dort begeisterte er sich für das flammende Freiheitspathos der Revolutionäre Friedrich Hecker und Gustav Struve. 1845 übernahm Elsenhans die Schriftleitung des linksgerichteten „Mannheimer Journals" und arbeitete bei der „Mannheimer Abendzeitung" mit. 1847 übernahm er die Redaktion der in Heidelberg erscheinenden Zeitung „Die Republik", kam aber wegen seiner radikalen Artikel schnell mit der staatlichen Zensur in Konflikt. Zu deutlich hatte er zum Ausdruck gebracht, dass eine Volkserhebung der einzige Weg wäre, sich von den absolutistischen Mächten zu befreien und eine demokratische Republik nach amerikanischem Vorbild zu errichten. Am 5. Oktober 1848 wurde er deshalb zu einer achtmonatigen Haft in der Festung Kislau verurteilt.

Feuerbacher Gestalten

Während Elsenhans hinter den Festungsmauern saß, erhob sich im Mai 1849 in Baden tatsächlich das Volk, die Armee stellte sich mehrheitlich auf die Seite der Freiheitskämpfer und der Großherzog Leopold floh ins Elsass. Der Demokrat Brentano wurde an die Spitze der provisorischen Regierung gewählt und im Zuge dieser Machtwende wurde Elsenhans aus der Festungshaft befreit. Er bekam nun eine Stelle als Sekretär und Kurier im Kriegsministerium. Aber die inzwischen wieder erstarkte Reaktion in Gestalt der deutschen Fürsten wollte einen demokratischen Sieg in Deutschland nicht zulassen. Reichstruppen unter Führung des preußischen Prinzen Wilhelm I. marschierten in Baden ein. In blutigen Gefechten konnte dieses technisch überlegene Heer die zusammengewürfelten und schlecht ausgerüsteten badischen Revolutionstruppen schlagen und in den Süden abdrängen. Die provisorische Regierung setzte sich nach Freiburg ab. Die übrig gebliebenen Truppen sammelten sich in der Festung Rastatt, die als Sperrfort der Revolution dienen sollte. Auch Elsenhans war als Sekretär des stellvertretenden Kriegsministers in

In der Paulskirche in Frankfurt tagte 1848 das erste deutsche demokratische Parlament.

Die badischen Revolutionstruppen waren aus allen Volksschichten zusammengewürfelt.

Festung Rastatt

Die Geschichte von Feuerbach

Zweiter Abdruck auf Anordnung des Gouvernements.

Der Festungs-Bote.

Mittwoch, den   Nr. 10.   18. Juli 1849.

Einladung zum Abonnement.

Der „Festungsbote" hat sich zur Aufgabe gestellt, die Grundsätze der sozialen Demokratie zu vertreten, und sie unter der hiesigen Besatzung sowohl, als unter der Bürgerschaft zur Geltung zu bringen. Wir laden nun zu zahlreicher Abnahme desselben mit dem Bemerken ein, daß für allgemeine Zwecke verwendet wird, was nach Abzug der Druck- und Verbreitungskosten des Blattes übrig bleibt.

Listen zur Einzeichnung sind aufgelegt auf dem Rathhause, in der Gouvernements-Kanzlei und bei der Expedition, Buchdruckerei von W. Mayer.

Beiträge jeder Art werden mit Dank angenommen; Inserate mit einem Kreuzer die Zeile berechnet.

Rastatt den 17. Juli 1849.   **Die Redaktion.**

Was ist und was will die soziale Demokratie?

Nachdem der Club für entschiedensten Fortschritt die Grundsätze der sozialen Demokratie für diejenigen erklärt hat, nach welchen er sich in seiner ganzen Thätigkeit richten wolle, scheint es uns nöthig, zuerst über die Demokratie, und dann über den Sozialismus unsere Ansicht auszusprechen.

Was zuerst die Demokratie betrifft, so ist dieselbe diejenige Regierungsform, bei welcher das Volk selbst, d. h. sämmtliche Bürger zusammengenommen, die höchste Gewalt ausübt. Diese Regierungsform zerfällt in zwei Hauptabtheilungen, in die reine und in die repräsentative. Bei der ersteren wird die höchste Gewalt gehandhabt durch Entscheidung der Bürger mit Stimmen-Einheit oder Mehrheit. Sie paßt nur für kleinere Staaten, da natürlich nicht alle Staatsbürger in einem größeren Lande jeden Augenblick zur Berathung berufen werden können, und in dringenden Fällen die Entscheidung über wichtige Angelegenheiten nicht ohne Schaden verzögert würde. In der Repräsentativ-Demokratie wird die höchste Gewalt durch Repräsentanten — Stellvertreter — ausgeübt, und das Volk äußert seinen unmittelbaren Antheil an der obersten Leitung des Staats blos mittelbar, d. h. durch seine Deputirten, durch seine Wahlen.

Die Vorzüge der demokratischen Staatsform bestehen, wie selbst ihre Gegner zugeben müssen, „in der großen und aufopfernden Vaterlandsliebe, welche dadurch erweckt wird, daß sie jedem Bürger ein Gefühl der Würde und Unabhängigkeit durch die möglichste Gleichheit derselben, durch die möglichste Theilnahme an der Landes-Regierung und durch die Oeffentlichkeit der letzteren verleiht." Wir haben diese Vorzüge hier kurz aufgeführt, weil es Leute gibt, denen die Wahrheit nicht oft genug wiederholt werden kann. Indessen sind wir weit entfernt von der Ansicht, daß von der Republik oder Demokratie an sich das Heil der Welt ausgehen wird, denn wir sehen aus der Geschichte sowohl, als aus der täglichen Erfahrung, daß es Republiken gegeben hat, und noch gibt, welche die Ansprüche des Menschen auf Glück in keiner Weise befriedigen. Die Demokratie an sich wird uns weder Arbeit noch Brod geben, sie wird unsere fälligen Zinsen nicht zahlen, sie wird uns nicht von Sorgen und Leiden befreien, denn sie stößt bei der Lösung ihrer Aufgabe, das Volk zur Herrschaft zu bringen, stets auf das Mißverhältniß des Eigenthums, des Besitzes.

Diese Ungleichheit, dieses Mißverhältniß sucht nun der Sozialismus durch Herstellung der Gleichheit aufzuheben. Er will der Unterdrückung und Unwahrheit, welche überall herrschen und dem trostlosen Elend, dessen Bild uns in den untern Schichten, d. h. in der ungeheuren Mehrzahl der Bevölkerung entgegentritt, dadurch ein Ende machen, daß er auf fortwährende Verbesserung des sittlichen, geistigen und körperlichen Daseins der zahlreichsten und ärmsten Klasse dringt, und statt der Herrschaft des Kapitals, die Herrschaft der Arbeit oder doch deren Gleichstellung mit dem Kapital anstrebt. Die Vertheilung der Güter soll nach dem Verlangen der Sozialisten von der Arbeit abhängig gemacht und dadurch die möglichste Gleichheit unter den Menschen erzielt...

---

die Festung geflohen. Rastatt sah sich bald von den Reichstruppen ringförmig eingeschlossen, die die Belagerten zur sofortigen Übergabe aufforderten.

So saßen in der Festung 6000 Mann unter Anführung von Oberst Tiedemann wie in einer Mausfalle gefangen. Weil man aber immer noch auf eine Befreiung durch die verbliebenen Revolutionstruppen hoffte, hielt man der Belagerung stand. Um die Moral der Verteidiger zu heben und wichtige Informationen zu verbreiten, kam Elsenhans auf die Idee, eine tägliche Zeitung herauszugeben. Dieser „Festungsbote" enthielt in seinen 14 Ausgaben neben Tagesbefehlen, Meldungen und Anzeigen auch viele grundsätzliche politische Gedanken und Kommentare des Herausgebers. So formuliert Elsenhans in der Ausgabe Nr. 10 in dem Artikel „Was ist und was will die soziale Demokratie?" Gedanken, die weit über das Tagespolitische hinausgehen:

Die Demokratie an sich wird uns weder Arbeit noch Brod geben, sie wird unsere fälligen Zinsen nicht zahlen, sie wird uns nicht von Sorgen und Leiden befreien, denn sie stößt bei der Lösung ihrer Aufgabe, das Volk zur Herrschaft zu bringen, stets auf das Missverhältnis des Eigenthums, des Besitzes. Diese Ungleichheit, dieses Missverhältnis sucht nun der Sozialismus durch Herstellung der Gleichheit aufzuheben. Er will der Unterdrückung und Unwahrheit, welche überall herrschen und dem trostlosen Elend, dessen Bild uns in den unteren Schichten, d.h. in der ungeheuren Mehrzahl der Bevölkerung, entgegentritt, dadurch ein Ende machen, dass er auf fortwährende Verbesserung des sittlichen, geistigen und körperlichen Daseins der zahlreichsten und ärmsten Klasse dringt, und statt der Herrschaft des Kapitals, die Herrschaft der Arbeit oder deren Gleichstellung mit dem Kapital anstrebt [...] Der Sozialismus in Verbindung mit der Demokratie erscheinen allen denkenden Menschenfreunden als die Mittel, durch welche es uns gelingen könne, endlich in das gelobte Land der Freiheit, Gleichheit und Brüderlichkeit ein (zu)treten."

Nachdem der erhoffte Entsatz nicht kam, Ausbrüche aus der Festung blutig zurückgeschlagen wurden und die Vorräte zu Ende gingen, musste die Besatzung die Festung nach 14 Tagen auf „Gnade und Ungnade" übergeben. Die Soldaten wurden nun in den Bastionen gefangen gesetzt und den Anführern von preußischen Standgerichten der Prozess gemacht, der meist mit einem Todesurteil endete. Der erste Demokrat, der in den Festungsgräben erschossen wurde, war der Feuerbacher Ernst Elsenhans. Der Korrespondent der „Augsburger Allgemeinen Zeitung" depeschierte zu seinem Prozess:

Feuerbacher Gestalten

Rastatt 7. August 1849
Gestern standen der pensionierte Mayor von Biedenfeld und der Redakteur des „Festungsboten" vor dem Standgericht, zu welchem gegen Eintrittskarten der Zutritt öffentlich war. [...] Elsenhans, früher Theologe, hernach Tagschriftsteller der Republikaner. Infolge eines Preßprozesses zur Haft auf K. verurteilt, wurde er durch den Ausbruch der Revolution befreit. Schriftführer im Kriegministerium wurde er nach Oggenheims Abgang Redakteur der „Karlsruher Zeitung", während der Belagerung Herausgeber des „Festungsboten" und Gründer des „Klubs für entschiedenen" und später „entschiedensten Fortschritt", der die Frechheit und Rücksichtslosigkeit seiner Schriften auf sein ganzes Leben übertrug. Der öffentliche Ankläger war Hofgerichtsrat Haas aus Karlsruhe, zum Verteidiger hatte sich kein Advokat gefunden. Ein Schriftverfasser übernahm das undankbare Geschäft. Elsenhans wurde vorzüglich damit verteidigt, dass, wie bei Biedenfeld, auch bei ihm das Gericht parteiisch sei. Angesichts des Todes behauptend auf die Frage nach seiner Religion, keinem der bestehenden Kulte zugetan, verfolgt die Ansicht, dass nur Preßvergehen gegen ihn vorliegen und verteidigte sich gegen die Anschuldigungen gemeiner Verbrechen wie des Diebstahls. Sonst sei er Republikaner, für diese Überzeugung habe er gelebt und werde er, wenn es die Richter wollen, auch sterben. Auch er wurde, sei es, dass man ihn als einen der intelligentesten Urheber des Aufstandes ansah, sei es, dass die Schmähgedichte und Artikel des „Festungsboten" Schuld trugen, verurteilt, erschossen zu werden. Die Tröstungen des Pfarrers, den er hatte kommen lassen, um einer Geliebten ein Andenken zu hinterlassen, wies er von sich. Nachts grub der Totengräber an der Wand des Friedhofs zwei Gräber. Gegen vier Uhr knallten Schüsse im Fort, um nur das für Elsenhans bestimmte Grab zu füllen."

Wenn dieser Artikel auch unter dem Druck der Zensur entstand, kommt zwischen den Zeilen ganz deutlich zum Ausdruck, dass es sich nicht um ein rechtmäßiges Verfahren handelte. So hatte Elsenhans keinen richtigen juristischen Beistand, das Urteil der preußischen Richter stand schon vor Prozessbeginn fest. Wie schon im Bauernkrieg, wo man den Kanzler der Bauern, den Maler Jerg Ratgeb, von vier Pferden zerreißen ließ, traf es hier als Erstes einen Aufständischen, der nur mit geistigen Waffen kämpfte. Man vermutet, dass dieses Gericht, um dem preußischen Prinzen zu gefallen, den Mann, der es gewagt hatte, diesen als „Kartätschenprinz" zu bezeichnen, als Ersten dem Hinrichtungskordon überantwortete. Ernst Elsenhans nahm es mutig auf sich, allein für den Ausdruck seiner Überzeugung sterben zu müssen. Es waren dieselben Ideen, die uns heute als Grundlage unseres politischen Systems für unverzichtbar gelten. Ernst Elsenhans' älterer Bruder, Johann Michael Elsenhans, war zu dieser Zeit noch Pfarrer in Klosterreichenbach. Er gründete Anfang 1849 einen Volksverein und forderte die Bewaffnung der Bürgerwehren. Nachdem er im Oktober 1849 bereits drei Monate in Haft genommen wurde, kam er 1851 als Hauptdrädelsführer auf die Festung Hohenasperg, die er erst im September 1853 wieder verlassen konnte.
Auch der 1822 geborene Bruder Carl Friedrich Elsenhans hatte sich den Aufständischen angeschlossen und musste sich nach dem unglücklichen Ausgang dieser Freiheitsbewegung ins ungarische Exil begeben, wo sich seine Spur verliert.

Tod im Festungsgraben – zeitgenössische Darstellung

Die Geschichte von Feuerbach

Thomas Eisenhardt (1830–1918)

In Feuerbach gab es noch etliche demokratische Veteranen aus der Revolution 1848/49, wie den Nagelschmied Thomas Eisenhardt, der mit dem Bauern Berger auf dem Hohenasperg eingesperrt wurde. Über ihn schrieb die „Feuerbacher Zeitung" im Jahr 1956:

Thomas Eisenhardt bei der Arbeit in seiner Schmiede

Im Ortszentrum von Feuerbach erinnert die Elsenhansstraße heute an die bedeutende Familie. Dass es sich dabei um Vorkämpfer für unsere heutige Demokratie handelt, wird dabei allerdings unterschlagen. Leider existiert von keinem der hier beschriebenen Mitglieder der Familie Elsenhans ein Bildnis. Die Familie des Schultheißen Elsenhans wohnte um 1830 genau gegenüber vom Rathaus und der Kelter in der Marktstraße 28 (heute Klagenfurter Straße). Das Haus wurde im Jahre 1870 vom damaligen Besitzer, dem Metzgermeister Karl-Friedrich Berger, für die Einrichtung einer Wirtschaft mit zwei Speisesälen und einem Tanzsaal aufgestockt. 1908 ließ der Metzger Karl Herrmann ein Schaufenster im Erdgeschoss einbauen. An der Stelle des mit dem alten Rathaus im Zweiten Weltkrieg zerstörten Gebäudes biegt heute die Rendlenstraße ab.

Straßensituation um 1830: altes Rathaus (blau) – Kelter (rot) – Haus Elsenhans (gelb)

Ein Achtundvierziger

Für einen Schmied hatte er den rechten Namen: Eisenhardt. Freilich war er nicht ein Grob- oder Hufschmied. Er gehörte zu der aussterbenden Gilde der Nagelschmiede. Aber das Bild eines echten Schmiedes bot er doch, wenn er im Schein des Schmiedefeuers in seiner Werkstatt in der Brandgasse stand und seine Nägel schlug. Unter buschigen Augenbrauen prüften die Augen das Werk; ein mächtiger Schnurrbart spreizte sich breit. Vom frühen Morgen bis zur sinkenden Nacht füllte an manchen Tagen der Schlag des Hammers seine verräucherte Werkstatt. Wenn er aber seine Kiste mit fertigen Nägeln abgeliefert hatte, blies der Nagelschmied Thomas Eisenhardt das Schmiedefeuer für eine Zeit der Ruhe nicht an. In der Tasche klimperte der Lohn.

Dann ging der Nagelschmied auch wohl seinen Erinnerungen nach. Diese kreisten besonders um einen Berg, den einer seiner Zeitgenossen als „häßliche Warze im Angesicht des Württemberger Landes" bezeichnet hatte. Auch Eisenhardt kannte ihn genau, hatte er doch in seiner Jugend dort etliche Zeit unfreiwillig verbracht. Weil er 1848 mit bei den Revolutionären gewesen war, mußte er auf den Asperg und dort seine Zeit absitzen.

Thomas Eisenhardt, am 29. August 1830 in Deufringen als Sohn eines Schneiders geboren, war als junger Bursche in die Wirren der Volkserhebung verstrickt gewesen. Mit dem Bauer Berger aus Feuerbach, der aus gleichem Grunde auf dem Asperg gewesen war, verband ihn die gemeinsam verlebte Haft. War der Abschied von der Heimat damals sang- und klanglos verlaufen, so hatte sich die Heimreise freundlicher gestaltet. Mit geschmückten Wagen hatten die Gefährten sie abgeholt. Auch später hat sich Eisenhardt um das Geschehen der Tage gekümmert. Er wurde Mitglied des Bürgerausschusses. Doch konnte es geschehen, daß er, wenn er mit Freunden und Bekannten zusammen saß, auch einmal die Sitzung vergaß und Boten ihn rufen mußten.

Im Jahre 1858 hatte sich Thomas Eisenhardt in Feuerbach verheiratet. Als er am 26. November 1918 starb, verlor Feuerbach nicht nur den Vertreter eines alten Berufes, auch der letzte Achtundvierziger ging dahin.   B

Eisenhardts Wohnhaus (erstes Haus rechts)

Feuerbacher Gestalten

Wilhelm Geiger (1869–1940)

Nach dem Besuch der Volksschule in seiner Heimatstadt Merklingen absolvierte Geiger eine Verwaltungslehre. 1893 legte er das mittlere Verwaltungsdienstexamen ab und kam im gleichen Jahr als Assistent des Schultheißen Dieterle nach Feuerbach. Weil er während dessen langer Krankheit schon frühzeitig die Geschäfte des Ortsvorstehers führte, wurde er 1900 ohne Gegenkandidat in dieses Amt gewählt. Die Ansiedlung neuer Firmen jenseits der Bahnlinie unter seiner Ägide schuf die Voraussetzung für eine Entwicklung, die 1907 mit der Stadterhebung einen ersten Höhepunkt fand. Investitionen, die heute noch die Stadt prägen, waren nun möglich: Bismarckschule, Rathaus, Stadthalle und Leibniz-Gymnasium. Nach dem Krieg erfolgte der Bau neuer Wohnsiedlungen und mit der Eingemeindung Weilimdorfs 1927 konnte das Gemeindegebiet wesentlich vergrößert werden. Nach dem erzwungenen Anschluss an Stuttgart 1933 musste der verdiente Geiger zwangsweise in den Ruhestand gehen.

Oswald Hesse (1835–1917)

Oswald Hesse stammte aus Obereula in Sachsen. Der Volksschüler begeisterte sich in der Gewerbeschule so für Chemie, dass er ohne Abitur wegen seiner besonderen Spezialkenntnisse zum Studium in Leipzig zugelassen wurde. 1858 ging er auf die Universität Göttingen, wo er unter Unterstützung bedeutender Wissenschaftler den Doktor machte. Mit 25 Jahren kam er als Chemiker zur Firma Jobst in Stuttgart. 1864 konnte Hesse seinen Chef zum Umzug der Firma nach Feuerbach bewegen und dort wurde er der erste Geschäftsführer der Chinin-

fabrik Jobst. Wegen seiner Leistungen für die Forschung wurde Oswald Hesse sogar für den Chemie-Nobel-Preis vorgeschlagen. Als Vorsitzender des Gewerbe- und Handelsvereins hatte er großen Anteil am Aufschwung Feuerbachs. 1909 schrieb er die erste Ortsgeschichte und wurde wegen seiner Verdienste zum Ehrenbürger ernannt.

Wilhelm Braun (1897–1973)

Der in Feuerbach geborene Braun schloss sich schon als Kind dem Turnerbund Feuerbach an. Der gelernte Modellschreiner war bis 1933 als technischer Leiter und Oberturnwart in diesem Verein tätig. Wegen seines politischen Widerstands gegen das Naziregime musste Braun sechs Jahre im Konzentrationslager verbringen. Nach dem Zweiten Weltkrieg gehörte Braun zu den Führungsfiguren, die sich im Arbeitsausschuss bemühten, das neue demokratische Gemeinwesen wiederaufzubauen. Nach langem Kampf erreichte Braun, dass sich die verschiedenen Sportvereine zur großen „Sportvereinigung Feuerbach" zusammenschlossen, zu deren Vorsitzenden er gewählt wurde. Er gehörte auch zu den maßgeblichen Männern, die sich nach dem Krieg für den Wiederaufbau der Deutschen Turnbewegung eingesetzt haben. Die Konzeption des neuen Sportzentrums im Föhrich war sein Lebenswerk, nach seinem Tod 1973 wurde es zum „Wilhelm-Braun-Sportpark" umbenannt.

Die Geschichte von Feuerbach

Otto Herrmann, der kritische Zeitgenosse

Otto und Maria Herrmann

Masken für Agitprop-Theater – um 1930

Der Maler und Grafiker Otto Herrmann wurde 1899 in Feuerbach als Sohn einer Arbeiterfamilie geboren. Nach der Schule machte er eine vierjährige Lehre als Chemiegraf. Eines der prägendsten Ereignisse wurde für ihn das Grauen des Ersten Weltkriegs. An der Front schwer verwundet, wurde er nach langem Lazarettaufenthalt als „kriegsuntauglich" nach Hause geschickt. Erst von 1920 bis 1928 konnte Herrmann an der Stuttgarter Kunstakademie studieren, zuletzt als Meisterschüler von Prof. Heinrich Altherr. Nach Studienaufenthalten in Italien und Frankreich versuchte er sich als freischaffender Künstler und Grafiker. So wurde er freier Mitarbeiter bei den satirischen Zeitschriften „Jugend", „Simplicissimus" und „Eulenspiegel". In Stuttgart schuf er die künstlerische Ausstattung für Friedrich Wolfs linken „Spieltrupp Süd-West" z. B. für das aufsehenerregende Zeitstück „Zyankali". Die Nationalsozialisten verhängten deshalb 1934 ein Ausstellungsverbot über ihn. Aus der Sammlung der Stuttgarter Staatsgalerie wurde ein Bild von ihm als „entartet" beschlagnahmt. Doch konnte er weiter immer wieder unpolitische satirische Zeichnungen im Simplicissimus unterbringen. Durch Vermittlung dieser in München erscheinenden Zeitschrift erhielt er dort eine Stelle als Autotype-Ätzer. 1937 heiratete Otto Herrmann seine ebenfalls aus Feuerbach stammende langjährige Lebensgefährtin Maria Maier, in deren elterliches Haus in der Elsenhansstraße sie nun einzogen. Maria Herrman war eine der ersten ausgebildeten Sozialarbeiterinnen in Stuttgart. 1939 wurde Otto Herrmann in den Krieg nach Polen eingezogen, bald aber wieder als kriegswichtig für die Industrie vom Wehrdienst freigestellt. Fast alle bis dahin entstandenen Arbeiten von Otto Herrmann wurden 1944 vernichtet, als seine Wohnung mit Atelier in Feuerbach ausgebombt wurde. Die letzten Kriegsmonate verbrachte er mit seiner Frau im Keller der Ruine dieses Hauses. Dort wollte er sich verschanzen, falls man ihn noch einmal zum Kriegsdienst holen sollte. Nach 1945 nahm Herrmann seine künstlerische Arbeit wieder auf und konnte erste Ausstellungen veranstalten. Auch für verschiedene neu entstehende Satireblätter lieferte er wieder Illustrationen.

„Auf eigener Scholle" –
Karikatur im Simplicissimus 1936

Feuerbacher Gestalten

„Die Verdammten" – Visionen von Terror und Untergang

Bekannt wurde Herrmann erstmals durch seine 1947/48 entstandene Lithografie-Folge „Die Verdammten", in der er sich mit dem Krieg auseinandersetzte. Angeregt wurden diese in ihrer Kompromisslosigkeit der Darstellung an Goyas „Schrecken des Krieges" erinnernden Grafiken von Plieviers Roman „Stalingrad", der Apokalypse des Untergangs einer Armee: *„All die finsteren Mächte, die seelischen Ungeheuer, die der Krieg entfesselt, gewinnen hier Gestalt. Da ist kein Raum mehr für ‚hohe Ziel', für all den bunten Flitter mit dem sogenanntes*

Die Geschichte von Feuerbach

Figuren aus Brechts Dreigroschenoper

veröffentlichen. Bitter schreibt der 96-Jährige im Vorwort des erst 1994 durch Unterstützung der „Landeszentrale für politische Bildung" ermöglichten Erstdrucks: *"Dieses Buch hat keinen Verleger gefunden. Kein Wunder! Die deutschen ‚Demokraten' genießen auf hartgetrampelten Massengräbern ihr turbulentes Wirtschaftswunder, und man stolpert beim Tanz nicht gern über die zerbrochenen Knochen der eigenen Väter. – Was in diesem Buch zum Ausdruck kommt, ist die Empörung über die totale Missachtung kreatürlichen Lebensrechtes, die skrupellose Opferung eigenen und fremden Blutes für die pathologischen Machtansprüche einer totalitären Ideologie."*

„Wer die Wurst hat" – Zirkusszene

Die besondere Liebe Herrmanns galt dem Theater und dem Zirkus, Orte, wo die Maskerade freies Spiel ist: *"Meine Arbeit ist eng mit dem Theater verbunden. Das ausgewogene Wechselspiel der Gesten und Gebärden ist für mich Vorbild für meine zeichnerischen Einfälle."* So

Figur aus Gogols Revisor

war Herrmann im Stuttgarter Schauspielhaus vor und hinter den Kulissen ständiger Gast. Es entstanden Zyklen zur „Dreigroschenoper" und der „Mutter Courage" von Brecht oder zu Gogols „Revisor". Herrmann bemerkte zu seinen Bildern sarkastisch: *"Im Zentrum meines Schaffens steht der Mensch. Sein Studium fördert die Neigung zu Satire und Ironie"* und *"meine unwiderstehliche Neigung bis an den Rand der Karikatur zu gehen, oft sogar darüber hinaus, wird mir jeder verzeihen, der in das Gewühl unserer Umwelt blickt"*.

Herrmanns spontan wirkende, auf Momentzeichnungen zurückgehende Bilder folgen trotzdem den klassischen Kompositionsprinzipien von Bewegung und Gegenbewegung. Obwohl Herrmann immer wieder auch Ölbilder malte, sind seine grafischen Arbeiten der

‚Soldatentum' sich behängt, auch nicht für alle diese Trotzdems und Dennochs, mit denen man das Soldatische auch in ‚Stahlgewittern' noch zu retten versucht. Da ist nur noch das Unmenschliche – der Mensch als Untier, Henker und Opfer zugleich und in beiderlei Gestalt entmenscht. Der Mensch, ausgestoßen in die Angst, das Verworfen-Sein, die grässliche Einsamkeit. Kein Trost, keine Hoffnung – nur grenzenlose Verlorenheit", schreibt der Autor Heinrich Gerlach („Die verratene Armee") an Otto Herrmann. Als man aber in den 50er-Jahren begann, die Wiederbewaffnung Deutschlands zu forcieren, waren solche Darstellungen nicht mehr erwünscht, es gab Proteste. Vergeblich versuchte Herrmann seine Stalingrad-Bilder in einem Buch zu

Feuerbacher Gestalten

Links: Im zweiten Stock ihres Hauses in der Elsenhansstraße wohnte das Ehepaar Herrmann. Im Dachgeschoss war das Atelier des Künstlers untergebracht.

„Meine Freunde und ich" – Ölgemälde

prägnantere und charakteristischste Teil seines Werkes.

Eine gewisse Tragik überschattete Herrmanns Leben: War er in der Nazizeit wegen seinen Themen unerwünscht, entsprach in der Nachkriegszeit, als die abstrakte Malerei sich durchsetzte, der kritisch-realistische Stil Herrmanns nicht mehr dem Zeitgeschmack. Weil er deshalb von seiner Kunst nicht leben konnte, ging er ab 1953 wieder in seinen Brotberuf zurück. Nur gelegentlich gelang es ihm, im wieder erscheinenden Simplicissimus eine Zeichnung unterzubringen. Auch für die Werbung lieferte er manchmal Vorlagen. Seine Ehefrau Maria Herrmann, die damals eine leitende Stellung beim Arbeitsamt Stuttgart innehatte, war ihrem Mann in dieser Zeit der Enttäuschungen nicht nur Muse und Modell, sondern auch moralische und materielle Stütze. In einer Reihe von bitteren Grafiken karikierte Herrmann als Zeitzeuge auch immer wieder die Lebenswelt der Nachkriegszeit und die Zeit der jungen Bundesrepublik.

Otto Herrmann – Porträt von Helga Gebhardt

Erst 1964, als Otto Herrmann das Rentenalter erreicht hatte, konnte er sich wieder ganz seiner Kunst widmen. Zu seinem 95. Geburtstag veranstaltete der Kunstverein Stuttgart eine erste Retrospektive seines Lebenswerkes. Im hohen Alter von 93 Jahren, nach einer Operation fast erblindet, beendigte Herrmann seine künstlerische Tätigkeit; 1995 starb er in Stuttgart, seine Frau folgte ihm 1999 nach. Die im gleichen Jahr gegründete Otto und Maria Herrmann-Stiftung bewahrt im Untergeschoss des Roser-Gebäudes in Stuttgart-Feuerbach seinen Nachlass von über 1500 Öl- und Mischtechnikbildern, Lithografien und Zeichnungen.

Die Geschichte von Feuerbach

Der Pianist Werner Haas

Es war auf der letzten Station einer Konzertreise, die Werner Haas Anfang Oktober 1976 von Göteborg über Paris nach Caen geführt hatte. Das Publikum verabschiedete den Pianisten am 9. Oktober nach einer letzten Zugabe mit Bravorufen und stehenden Ovationen. Obwohl Werner Haas schon die Flugkarte von Paris nach Stuttgart in der Tasche hatte, ließ er sich von einer von Bern zum Konzert gereisten Dame überreden, mit ihr am 11. Oktober im Auto zurückzufahren. Doch in dieser Nacht setzte nach vielen trockenen Wochen ein heftiger Landregen ein, der das Fahren zur Strapaze machte. In dieser schwierigen Situation übernahm Haas das Steuer. Auf der stark befahrenen Straße von Paris nach Straßburg kam ihnen in einer Rechtskurve bei Nancy auf der eigenen Fahrbahn ein schleudernder großer Lastwagen entgegen. Trotz Ausweichmanöver war ein frontaler Zusammenstoß unvermeidbar – und dieser traf die Fahrerseite voll. Der Pianist verstarb an seinen schweren Kopfverletzungen auf dem Transport ins Krankenhaus, die Mitfahrerin wurde ebenfalls schwer verletzt. In Nachrufen rühmte man Werner Haas als vielseitigen und überlegenen Interpreten ohne Starallüren, der sich durch seine Konzerte und Schallplatten weltweit einen Namen gemacht hatte.

Rechts oben:
das Wohnhaus, Klagenfurter Straße 57

Rechts unten: Werner Haas und seine Schwester Isolde

Feuerbacher Gestalten

Die Opernsängerin Martha Haas

Die Kinder – Haas hatte noch eine zwei Jahre ältere Schwestern – wuchsen in einer Umgebung auf, die von Musik geprägt war. Der Vater war Architekt, gleichzeitig aber ein begabter Pianist und Chorleiter, die Mutter eine ausgebildete Opernsopranistin, beide hatten sich über die Musik gefunden. Nach dem Zweiten Weltkrieg erteilte Martha Haas in ihrem Haus Stimmbildungs- und Gesangsunterricht, wobei sie auch die Schauspielerin Elisabeth Flickenschildt, den Stuttgarter Oberbürgermeister Arnulf Klett und den Humoristen Erich Hermann unterrichtete. Schon in der Schulzeit in Feuerbach fiel Werner Haas durch sein Klavierspiel auf. Im fernen Bromberg, wo die Mutter die Kinder an ihrem Gastspielort vor dem Krieg sicher wähnte, erhielt er mit 13 Jahren in einem Klavierwettbewerb den ersten Preis.

So war es kein Wunder, dass er nach seiner Rückkehr nach Stuttgart vom Gymnasium abging und als jüngster Student mit 16 Jahren in die Stuttgarter Musikhochschule einziehen konnte. 1948 trat Haas zum ersten Mal öffentlich mit dem Hochschulorchester als Konzertpianist auf. Dabei war Werner Haas kein Stubenhocker. Schon in der Schulzeit war er ein außerordentlicher Kurzstreckenläufer, mit der Sportgemeinschaft Feuerbach siegte er bei Stadtläufen, beim Hürdenlauf

Werner Haas (Mitte) als Leichtathlet

und brillierte als Tischtennisspieler. Bei Vereinsveranstaltungen konnte der gut aussehende Bursche auch „fetzige" Swingmusik aufspielen, die nicht nur die ihn anhimmelnden jungen Damen begeisterte.
1955 bekam Haas erste euphorische Kritiken für sein Debüt als Solist bei den Stuttgarter Jugendkonzerten, man lobte seine Einheit von Technik und Ausdrucksgestaltung. *„Jede Taste singt unter seinen Fingern"*, hieß es, das unverwechselbare Charakteristikum seiner Kunst, das nun zeitlebens gerühmt werden sollte. Den letzten Schliff erhielt Werner Haas in den vier Jahren als Meisterschüler bei der Pianistenlegende Walter Gieseking, mit dem ihn besonders die Liebe zu Claude Debussy und Maurice Ravel verband. Nun führten ihn viele erfolgreiche Konzerte durch ganz Europa. Die französische Schallplattengesellschaft Philipps entdeckte ihn 1958 bei einem Konzert in Paris und bot ihm einen ersten langjährigen Schallplattenvertrag an. Auch bei den Rundfunkstationen war Haas nun regelmäßig Gast. Die internationalen Preise ließen nicht auf sich warten: 1961 erhielt Werner Haas aus der Hand des Komponisten Darius Milhaud den begehrten „Grand Prix du Disque" für seine Gesamteinspielung der Debussy-Klavierwerke, 1970 folgte der „Edison-Preis" für die Aufnahme aller Ravel-Klavierwerke. Trotz dieser besonderen Auszeichnungen für die Interpretation der frühen Moderne ließ sich Haas nicht nur auf diese Epoche festlegen. Ob Bach, Mozart, Beethoven, Chopin, Brahms oder Liszt, ja selbst bei Gershwin oder unbekannten Komponisten, er fand immer den besonderen und eigenen Ton: *„Werner Haas hat ein geistverwandtes, fließendes Gespür für die ausgewählten Werke, einen*

Beim Notenstudium

Die Geschichte von Feuerbach

ausgesprochen klaren Anschlag, der die Melodie zum Höhepunkt führt und den Ton weiterklingen lässt. Das Klavier wird zum singenden Instrument", lobte die „Saturday Review".

Trotz seiner internationalen Erfolge blieb für Werner Haas bis zu seinem jähen Tod seine Wohnung im Feuerbacher Elternhaus festes Standquartier. Diese Wohnung ist, wie er sie zuletzt verlassen hat, mit ihren Möbeln, Büchern, Schallplatten und seinem großen Konzertflügel als Gedenkort und Raum für intime Konzerte erhalten geblieben.

Die Schwester Isolde Haas-Sauter und ihr Mann Hans Sautter fühlen sich berufen, das Vermächtnis von Werner Haas zu hüten. Und so kann man bei ihnen und in der gegenüberliegenden Buchhandlung noch immer die besten Aufnahmen von Werner Haas erwerben. Zu runden Erinnerungsjahren werden Gedenkkonzerte mit jungen, begabten Nachwuchspianisten in der Feuerbacher Stadthalle veranstaltet. Noch über 25 Jahren nach seinem Tod wurden weltweit jährlich rund 100 000 Tonträger mit Aufnahmen von Werner Haas verkauft.

An diesem Flügel hat Werner Haas seine Konzerte vorbereitet.

Die erhaltenen Wohnräume des Pianisten im elterlichen Haus in Feuerbach

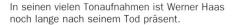

In seinen vielen Tonaufnahmen ist Werner Haas noch lange nach seinem Tod präsent.

Erich Hermann, das Rundfunk-Fritzle

In einem der neuen Wohnviertel der Walpenreute erinnert heute hinter der Hattenbühlschule eine Straße an Erich Hermann, der 1911 als Sohn eines Kaufmanns in Feuerbach geboren wurde. Wer war dieser Erich Hermann?

Ein Komödiant war er, und als Rundfunk-Fritzle hat er vor über einem halben Jahrhundert die Menschen zum ersten Mal erheitert. Er gehörte zu den Größen der Unterhaltungskunst der Nachkriegszeit wie Willy Reichert und Oscar Heiler (alias Häberle und Pfleiderer), Max Strecker, Werner Veidt und der damals noch ganz junge Walter Schultheiß. Doch bis es so weit war, bis das „Fritzle" erfunden war und seine Streiche spielen durfte, ging viel schöpferische Zeit ins Land. Bereits mit sieben Jahren hatte der kleine Erich seinen Spaß daran, Menschen- und Tierstimmen zu imitieren. Das tat er so geschickt, dass die Nachbarn prompt darauf hereinfielen.

So saß er eines Morgens vor dem Haus auf einem Bänkle vor dem Geschäft der Modistin Staiger, auf das ihn seine Tante Frieda gesetzt hat, aß eine Brezel und beobachtete den Briefträger. Am anderen Morgen imitierte er die tiefe Stimme des Briefträgers und rief: „Frau Staiger, Poscht!" Die Hutmacherin kam aus dem Haus und fragte: „Isch do net der Briefträger do gwesa?" Worauf er mit Unschuldsmiene antwortete: „Noi, i hab niemand g'seh."

Begonnen hat seine Laufbahn bei der Meistermannschaft des Fußballsportvereins „1898 Feuerbach", der Erich Hermann in den Endzwanzigern angehörte. Im Gasthaus zum „Goldenen Hahnen" gab er, animiert durch seine Kameraden, in Feuerbach nach den Spielerversammlungen immer wieder Kostproben seines Könnens. Besonders gerne imitierte er dabei seine „echte Tante Frieda", die im Städtchen sehr bekannt war, oder den jungen „Loisl", aus dem später das „Fritzle" entstand. Seine mimische und stimmliche Verwandlungskunst sorgte dabei für wahre Lachsalven unter den Kameraden. Dafür stand der junge Erich Hermann gerne auch mal auf den Tisch im Vereinsheim und für die Darbietung spendete der Wirt gelegentlich einen Rostbraten und ein Bier.

Erich Hermann mit seinen Eltern

Der Schüler Erich

Die Meistermannschaft des Fußballsportvereins „1898 Feuerbach" (Hermann oben, dritter von links)

Die Geschichte von Feuerbach

Der „Loisl", eine frühe Figur Hermanns

Der „Dramatische Verein", der im Nebenzimmer probt, wird 1930 auf ihn aufmerksam und überzeugt ihn, Mitglied seiner Theatergruppe in Feuerbach zu werden. Die ersten Sketche spielt er 1931 mit seinem Onkel Richard Hermann und er bleibt dem Dramatischen Verein Zeit seines Lebens eng verbunden. Nach dem Zweiten Weltkrieg hängt er den ungeliebten Beruf des Werkzeugmachers, den er nach dem frühen Tod des Vaters der Mutter zuliebe erlernt hatte, an den Nagel und übt fortan sein Hobby als Humorist und Parodist hauptberuflich aus. Gesangsunterricht, Stimmbildung und die Schauspielprüfung geben seinem Schabernack Format. Seine Ausbildung genoss er bei der Sopranistin Martha Haas, der Mutter des berühmten Pianisten Werner Haas.
In Erich Hermann paarte sich Talent mit unermüdlichem Fleiß; nur so lässt sich sein rascher und lang anhaltender Erfolg erklären. Unzählige Auftritte als „Fritzle" und als dessen ganze Sippschaft in einer Person verhelfen ihm zu einer unbeschreiblichen Popularität. Bunte Abende in ganz Süddeutschland mit Lale Andersen, Helmut Zacharias, Peter Igelhoff und Peter Frankenfeld geben dem „Fritzle" Gelegenheit, seine spitzbübischen Weisheiten unter das breite Volk zu bringen. Der Spielleiter von Radio Stuttgart engagiert Erich Hermann 1946 von Fleck weg. In der vorweihnachtlichen Sendung „Weihnachtsalmanach" geht dann das „Rundfunk-Fritzle" 1947 das erste Mal über den Sender. In dieser Rolle verbreitet Erich Hermann unbeschwerte Heiterkeit und erntet wahre Lachstürme in Sendungen wie „Mach mit – Lach mit", „Frohes Raten – Gute Taten", „Die Klingende Wochenpost", die von 1947 bis Ende der 50er-Jahre zwei- bis dreimal pro Woche ausgestrahlt werden und die ihn über mehrere Jahrzehnte zum Publikumsliebling machen. Er nimmt Alltagsfiguren aufs Korn, die jeder kennt: den „Bruddler", die „keifende Tante" oder den „gewitzten Bauern von der Alb ra". Er spielt alle Rollen in seinen schwäbischen Sketchen selbst, kräht wie ein Hahn, bellt wie ein Hund, greint wie ein Baby und ist Junge und Greis zugleich. Oscar Angerer, Direktor des Deutschen Theaters in München und Inhaber des „Internationalen Konzert-Tournee-Büros", organisiert von 1950 bis 1953 eine große Deutschland-Tournee für Erich Hermann mit eigener Truppe unter dem Motto „Unser Fritzle kommt". Angerer, der ihm stets ein väterlicher Freund und zugleich einer seiner größten Kritiker ist, gibt ihm den Feinschliff für die weitere Karriere.

1946 begann der Erfolg beim Sender Radio Stuttgart. Hier eine Szene als Finanzbeamter Kauerleber mit seiner Partnerin Barbara Müller.

Mit seinen Evergreens „Killesberg, mein Paradies" und „Ja, bei ons wird gschafft" stürmte das „Fritzle" 1954 die Hitparaden.

Den großen Erfolg Hermanns machen sich dann auch Industrie und Handel zunutze. Unzählige Werbesendungen für Storck, Durodont, Rachengold, Faber-Castell, Biber Hustenbonbons und vor allem für Maggi steigern seine Popularität stetig. Die Firma Maggi verpflichtet Erich Hermann als „Maggi-Fritzle" für eine langjährige Tournee, die ihn von 1953 bis 1960 in die größten Städte Deutschlands führt. Mit von der Partie sind Werner Preuss als Conferencier und Sänger, Fritzles langjährige Sketch-Partnerin Barbara Müller, die Vollblutmusiker „Hubert Deuringer und seine Solisten", die Akrobaten „3 Adonis – 4 Athos", „Tünneff", der zerstreute Musikprofessor, das Fitzett (unter Leitung des Vaters der Kabarettistin Lisa Fitz) sowie Wolfgang Geri bzw. Hans Günther Bunz, beide Komponisten und Meister ihres Fachs am Flügel. Eine weitere Tournee führt ihn in die Nachbarländer Österreich und Schweiz, wo er ebenfalls mit Begeisterung aufgenommen wird. Viele Lieder aus dieser Zeit stammen aus der Zusammenarbeit mit dem bekannten Stuttgarter Mundartdichter Friedrich E. Vogt.

„Die einzigartige Wandlungsfähigkeit seiner Stimme, die vollendete Darbietung verschiedenster Charaktere und sein Improvisationstalent zeichnen verantwortlich für seinen Erfolg."
(Stuttgarter Nachrichten)

ERICH HERMANN   S'RUNDFUNK FRITZLE

Das sind die Figuren, in die Erich Hermann in Mimik und Stimme blitzschnell umschwenken konnte (von oben links nach unten rechts): Onkel Gustav, Tante Frida, der Opa, Onkel Paul und das kecke Fritzle.

Die Geschichte von Feuerbach

Bunter Nachmittag bei der Feuerbacher Kirbe

Auftritt im Fernsehen 1973

In Feuerbach erzählt man sich manche lustige Geschichten vom Schalk Hermanns. So hat er z. B. im Freizeitheim an der Theke den Wirt und die Wirtin gefoppt, indem er in verschiedenen Masken etliche Schnäpse bestellt hatte und nicht wiedererkannt wurde. Natürlich hat er am Schluss zum Gelächter der Gäste die Eulenspiegelei aufgeklärt.

Die Krönung seines Schaffens war für ihn wohl sein erster Fernsehauftritt in der ARD mit seiner ganzen imaginären Verwandtschaft im Jahre 1967. Bis er 1979 in den wohlverdienten Ruhestand ging, entfaltete er noch viele Male seinen pfiffigen Charme in unzähligen Sendungen in Funk und Fernsehen wie z. B. bei der Internationalen Funkausstellung auf dem Killesberg (1969), beim „Babysitter"-Sketch mit Willy Reichert zum 75. Geburtstag (1971) und in „Witzig Witzig – die besten deutschen Humoristen Kopf an Kopf" (1973). 1981 wird Erich Hermann das Bundesverdienstkreuz verliehen. Im selben Jahr durfte sich der vierfache Großvater noch ein zweites Mal freuen: Seine 1969 angemeldete Pfirsichzüchtung „Rundfunk-Fritzles Würziger" wurde endlich anerkannt, der Erfolg wurde ihm also auch in seiner zweiten Passion, dem Gärtnern, zuteil.

Am 18. Juli 1984 starb der beliebte Humorist und Menschenfreund, der im Siebenzehnerle 6 in Feuerbach bis zuletzt beheimatet war. Sein Paradies hatte er ja mit dem Killesberg bereits auf Erden gefunden. *„Vom Himmel schaust Du mir dann zu"*, hatte das Fritzle einst gesungen, so wird's wohl sein.

Autor: Frank Gerlach, Enkel von Erich Hermann

Erich Hermann als Neckarkapitän

Eulenspiegelei im Feuerbacher Freizeitheim

Feuerbacher Gestalten

Der Fotograf und Schriftsteller Klaus Paysan und seine Familie

Klaus Paysan wurde 1930 in der Stuttgarter Rotebühlstraße als Sohn eines Apothekers geboren. Die Familie stammt von Hugenotten ab, die nach der Flucht aus ihrer französischen Heimat einst in Ostpreußen angesiedelt wurden, um dort die Kultivierung der Kartoffel voranzubringen.

Seine Begeisterung für Tiere und fremde Länder hatte Klaus Paysan vom Vater geerbt, der eine Bibliothek von Afrika-Büchern besaß und seinen Kindern auch die Freude an Aquarien weitergab: *„Schon als Baby war ich von Fischen und Blumen umgeben, auch mit dem Fotografieren habe ich bereits mit neun Jahren mit einer geliehenen Kamera angefangen. Mein Biologielehrer vermittelte mir ein Praktikum in einem Fotogeschäft. Aber erst als Werkstudent bei Bosch verdiente ich genug Geld, dass ich mir endlich eine eigene Leica kaufen konnte."*

Später studierte Paysan um der Familientradition willen an der TH Stuttgart Chemie. Die Tierliebe verband ihn mit dem Studienkollegen Wilbert Neugebauer, der 1970 Direktor des Stuttgarter Tierparks Wilhelma wurde. Weil der Vater schon

Die naturkundlichen Bücher des Autors Paysan

Klaus Paysan

1939 verstorben war, musste sich Klaus Paysan sein Studium selbst finanzieren, indem er zusammen mit seinem Bruder Hans bei Tanzstundenbällen, Hochzeiten und Festen fotografierte: *„Manchmal kamen wir erst frühmorgens nach Hause."* Neben dem Chemiestudium besuchte er Vorlesungen in den angewandten Naturwissenschaften, Zoologie, Botanik, Kunst und Philosophie. So war es kein Wunder, dass Klaus Paysan als Langzeitstudent 20 Semester hinter sich brachte.

Sein Wissen über die Aquaristik verwertete er erfolgreich in mehreren Fachbüchern wie z. B. „Welcher Zierfisch ist das?". Der naturkundliche Franckh-Kosmos-Verlag konnte die Rechte für Übersetzungen in viele Sprachen verkaufen. Als freier Mitarbeiter beim Kosmos-Verlag lernte Klaus Paysan auch seine erste Frau Angela Roth kennen. Diese war dort als Autorin und Illustratorin tätig und zeichnete u. a. für die Serie „Was blüht denn da?". Die Künstlerin ist auch heute noch durch ihre freien Arbeiten und ihre Ausstellungen in bester Erinnerung. Nach der Heirat zog man 1960 in die Feuerbacher Bubenhalde. Bald wurden auch die beiden Kinder Luise und Moritz geboren. Mithilfe einer Bürgerinitiative setzten die Paysans gegen viele Widerstände durch, dass im Pfostenwäldle die noch heute bestehende Jugendfarm gegründet werden konnte – davon profitierten die eigenen wie die Feuerbacher Kinder: *„Man hat mich dort den ‚Vattr'*

Angela Paysan

geheißen, weil ich bei den Behörden immer alles durchgeboxt habe."

Mit seiner Frau Angela bereiste Klaus Paysan ab 1960 Afrika von Kairo bis zum Kap der guten Hoffnung – zuerst im VW-Bus, später mit einem Unimog. Finanziert wurden die Reisen u. a. durch Fotoaufträge von Kosmos, Agfa, Daimler-Benz und VW. Insgesamt sollten es bis 2008 über 100 Afrika-Reisen werden. Später zog es ihn auch in andere Kontinente. Von jeder Reise kam Paysan mit einer reichen Fotoausbeute nach Hause. So entstand ein einmaliges Archiv von mehr als 250 000 Farbdias, meist Tieraufnahmen.

Die Geschichte von Feuerbach

Im Königreich Banso in Kamerun gehört Paysan zu den höchsten Würdenträgern der Prinzengesellschaft. Hier ein Aufzug dieser Gesellschaft zu Ehren der verstorbenen Angela Paysan 1994.

Klaus Paysan mit dem Bürgermeister von Bali Nyonga in Kamerun beim Lelafest

Hutmaske mit Glasperlen aus Kamerun – Sammlung Paysan

Auf den Reisen kam es immer wieder auch zu gefährlichen Situationen: *„In ehemaligen Kriegsgebieten lagen noch überall versteckte Landminen und nach einem geplatzten Blinddarm in Mali musste ich mehrmals wiederbelebt werden. Erst im Stuttgarter Robert-Bosch-Krankenhaus wurde ich wieder gesund."* Waren es zuerst die Tiere, die Klaus Paysan interessierten, traten später immer mehr die Menschen und fremde Kulturen in sein Blickfeld. Dabei kamen ihm sein unvoreingenommenes Wesen und seine menschliche Teilnahme zustatten. Besonders oft zog es die Paysans nach Kamerun und Mali, wo sie viele persönlichen Kontakte und enge Freundschaften schließen konnten. Dazu trug auch bei, dass Klaus Paysan als Reiseführer des Reiseveranstalters „Karawane" dort Sozialprojekte in Gang brachte. Für die 1966 geborene Tochter einer befreundeten Familie des Tikar-Volkes in Kamerun, die nach Angela Paysan den Vornamen Angeline erhielt, übernahmen sie die Patenschaft für die Ausbildung an einer protestantischen Eliteschule. Klaus Paysan konnte sich durch die Teilnahme an ihrem Leben und den traditionellen Kulten das Vertrauen der afrikanischen Menschen und ihrer Würdenträger erwerben. Deshalb wurden ihm in Mali und Kamerun eine ganze Reihe Ehrentitel

Feuerbacher Gestalten

Aus der reichen Maskensammlung von Klaus Paysan

Moritz Paysan beim Schnitzen einer Wolfskehlenmaske

Angeline Paysan-Mukum

verliehen, wie z. B. „Freund des Königs", „Shey", „Faay" und er wurde in geheime Männerbünde aufgenommen.
All dies gab ihm einen tiefen, dem Fremden sonst nicht zugänglichen Einblick in verschiedene afrikanische Kulturen. Die Erfahrungen und Erlebnisse der Paysans in Afrika fanden in etlichen Büchern ihren Niederschlag.
Nachdem Angela Paysan 1992 an Krebs verstorben war, heiratete Klaus Paysan das einstige Patenkind Angeline aus Kamerun, die ihn heute umsorgt. Das Ehepaar lebt mitten im Feuerbacher Zentrum umgeben von einer großen Sammlung von afrikanischen Masken und Gegenständen. Mit seinen Fachkenntnissen über afrikanische Kulturen hat Klaus Paysan mehrere Ausstellungen gestaltet und mehr als 200 Kataloge über afrikanische Kunst sachkundig begleitet. Eine große Sammlung von über 130 000 Tieraufnahmen aus aller Welt ist als fester Bestand an das Medienzentrum Baden-Württemberg übergegangen. Die ethnografischen Bilder werden in die Sammlung des Stuttgarter Lindenmuseums übergehen.
Paysans Sohn Moritz hat 1992 die Feuerbacher Narrenzunft gegründet und Masken für die originellen Fasnetfiguren entworfen und geschnitzt. Dabei ließ er sich auch von den Sammlungen des Vaters inspirieren.

Die Geschichte von Feuerbach

Aus dem Buch von Angela und Klaus Paysan: „Wehrhaftes Wild in Afrika" (DVA, Stuttgart 1968). Die Tierfotografien von Klaus Paysan werden ergänzt durch die Tuschzeichnungen von Angela Paysan.

Eric Carle – ein weltberühmter Grafiker

Fast jedes Kind in der westlichen Welt kennt das Buch von der „kleinen Raupe Nimmersatt". Aber fast niemand weiß, dass ihr Schöpfer in Feuerbach aufgewachsen ist.
Eric Carle wurde 1929 in Syracus im Staat New York als Kind deutscher Auswanderer geboren und kehrte mit seinen Eltern 1935 nach Deutschland zurück, weil die Mutter Heimweh hatte. Carle verbrachte nun seine Schulzeit und Jugend in Stuttgart-Feuerbach in der Dieterlestraße 16, direkt unter dem Bärenstäffele. Es war das Haus des Großvaters Oelschläger, in dem noch weitere Verwandte wohnten. Der Bruch zwischen der freien Erziehung in den USA und dem strengen deutschen Schulalltag mit seinen drakonischen Strafen traf ihn hart. In den Ferien mit den Eltern und bei Verwandten auf dem Lande lernte der Junge, den die Schulkameraden einfach nur „Ami" nannten, die Liebe zur Natur und zu den Tieren kennen. Doch bald kam der Krieg auch nach Feuerbach und er erlebte die ersten Bombenangriffe. Noch bevor seine Schule abbrannte, wurde Eric mit den Schulkameraden aufs Land verschickt. Er hatte Glück und kam in einer Familie unter, die ihn freundlich unter ihre Fittiche nahm. Doch noch in den letzten Kriegswochen musste Carle unter harten Bedingungen an den Westwall, um Schützengräben auszuheben.

Schon früh war die künstlerische Begabung Eric Carles aufgefallen. Als der Krieg vorbei war, wurde er deshalb schon mit 16 Jahren ohne Aufnahmeprüfung zum Studium an der Stuttgarter Kunstakademie am Weißenhof angenommen. Bei Professor Schneidler studierte er gemeinsam mit HAP Grieshaber und Kurt Weidemann Gebrauchsgrafik. Als er aber dort nur noch den „spleenigen Künstler" spielte, wurde er von Schneidler kurzerhand in die Hausdruckerei strafversetzt. *„Er lenkte meine Eitelkeit, die letztlich zerstörerisch gewesen wäre, in konstruktive Bahnen. Die Beschäftigung mit der Schriftsetzerei und das Wissen um die Regeln und Begrenzungen der Buchdruckerkunst haben seit dieser Zeit meine Arbeitsweise beeinflusst."* (Carle)

Der Vater kam 1947 als körperlich und seelisch gebrochener Mann aus russischer Kriegsgefangenschaft zurück, der einst enge Kontakt zur Familie und dem Sohn war für immer verloren.

Die Geschichte von Feuerbach

Eric Carle mit seinen Eltern

Das Haus des Großvaters in Feuerbach

Schon während des Studiums konnte Carle einen ersten Auftrag, eine Plakatserie für das „Amerikahaus", erfolgreich verkaufen. Im Jahre 1952 kehrte er wieder in die USA zurück, wo er sich schnell als Grafiker für bekannte Blätter wie „Fortune" und die „New York Times" einen Namen machte. Als er zum Wehrdienst eingezogen wurde, kam er wegen seiner guten Deutschkenntnisse nach Deutschland zurück. Dort lernte er in Wiesbaden seine erste Frau kennen, mit der er nach der Heirat 1954 wieder in New York lebte. Die Tochter Cirsten und der Sohn Rolf wurden geboren. Eric Carle arbeitete dann jahrelang als Art-Director einer führenden Werbeagentur.

Erst mit 40 Jahren schuf er 1969 sein erstes Bilderbuch für Kinder: „The very hungry Caterpillar" („Die kleine Raupe Nimmersatt"). Dieses Buch wurde in 45 Sprachen übersetzt und weltweit in über 29 Millionen Exemplaren verkauft. Mehr als 70 Kinderbücher hat Carle inzwischen gestaltet, aber keines ist so erfolgreich geworden wie die „Raupe Nimmersatt": *„Ich denke, darin steckt eine Hoffnungsbotschaft: Ich kann auch groß werden. Ich kann meine Flügel auch ausbreiten und in die Welt fliegen, es ist also ein Buch vom Großwerden."* (Carle)

Nach diesem Erfolg resümierte der Künstler: *„Mein Leben bewegte sich langsam, aber sicher in den richtigen Bahnen. Die lange dunkle Zeit des Heranwachsens in Deutschland während des Zweiten Weltkrieges, die grausame Disziplinierung, der ich in der Schule in jener Zeit unterworfen war, die zunehmend als Pflicht empfundene Arbeit in der Werbebranche – langsam verloren alle diese Erfahrungen ihre Macht über mich. Mein inneres Kind – das so plötzlich und einschneidend entwurzelt und unterdrückt worden war – wurde langsam wieder lebendig. Mir fielen alle jene wieder ein, die mir auf meinem Weg geholfen hatten, selbst in jenen letzten alptraumhaften*

Eric Carle mit seiner Schulklasse in der Feuerbacher Bachschule (3. Reihe, Vierter von rechts)

Feuerbacher Gestalten

Eric Carle als Kunststudent

Tagen in Nazideutschland: der Kunstlehrer, der sein Leben riskierte, um mir verbotene Kunst zu zeigen; die Bibliothekarin, die mir die Einsicht vermittelte, dass Bücher nicht nur Wörter enthielten, die es mühsam zu enträtseln galt, sondern dass der Umgang mit Büchern auch Spaß machen konnte; meine Pflegmutter, Frau Gutekunst, die mich in ihr Herz schloss; der Kriegsgefangene, der sein Essen mit mir teilte und mir damit klarmachte, dass kein Mensch von Natur aus ein Feind ist; mein Vater, der in mir die Liebe zur Natur weckte; meine eigenen Kinder, durch die die Erinnerung an meine eigene frühe Jugend wieder lebendig wurde; Professor Schneidler, der mir die Disziplin beibrachte, die für einen Künstler unentbehrlich ist … Sie alle und viele andere haben mir dazu verholfen, dass ich mich an diesem Wendepunkt meines Lebens selbst gefunden habe. Von da an gab ich nach und nach meine anderen Arbeiten auf und begann, an Kinderbüchern zu arbeiten und für das Kind in mir."

Eric Carle, dessen schwäbischen Akzent man durchaus noch hören kann, lebt heute mit seiner zweiten Frau in North Carolina und in Florida. 2002 wurde das Eric Carle Museum of Picture Book Art in Amherst in Massachusetts eröffnet. Hochgeehrt feierte der Künstler am 25. Juni 2009 seinen 80. Geburtstag.

Für eine Ausstellung in der Württembergischen Landesbibliothek, die seinem Lebenswerk gewidmet war, porträtierte sich der alte Künstler zusammen mit seiner berühmtesten Figur.

Für seine Bücher verwendet Carle immer wieder verschiedene Techniken. Für die Geschichte der „Raupe Nimmersatt" bemalte er zuvor kleine Seidenpapierstücke, die er dann zu seinen Bildern als Collagen zusammensetzte, um ihnen mehr Nuancen und Struktur zu geben.

Die Geschichte von Feuerbach

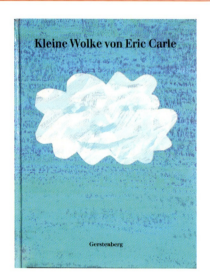
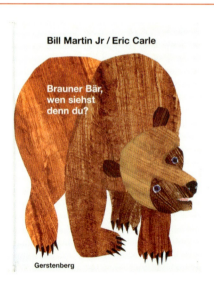

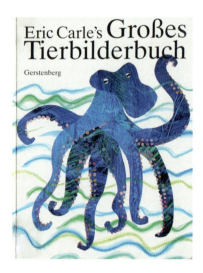

Bilderbücher von Eric Carle, die in Deutsch beim Gerstenberg-Verlag erschienen sind.

Feuerbach heute

Blick vom Rathaus auf den Wilhelm-Geiger-Platz

Feuerbach heute

Die Infrastruktur Feuerbachs

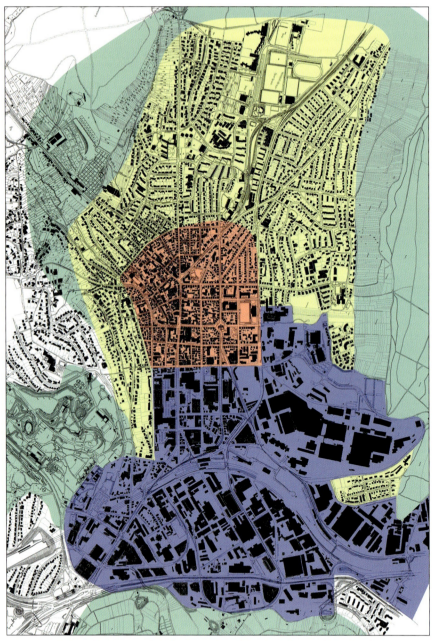

Feuerbach hat eine fast ideale Aufteilung: Die Darstellung zeigt das historische Zentrum (orange), die Wohnbezirke (gelb), im Osten die Industriezone (blau) und den Grüngürtel (grün).

(Plan: Schwarz-Architekten)

Lage

„Das Stadtgebiet von Feuerbach liegt etwa 6 km nordwestlich von Stuttgart an der Hauptbahn Bretten–Ulm. Es zieht sich, auf allen Seiten von Höhen umgeben, dem Feuerbachtal entlang von Südwesten nach Nordosten. Im Norden ist es begrenzt von dem mit Hochwald bedeckten Lemberg und dem Siegelberg, im Osten von den Höhen des Burgholzhofes und im Südosten von der Feuerbacher Heide. Im Südwesten befindet sich ein Ausläufer der Solitude-Berge mit der Hohenwart und der von den Römern gebauten Steinstraße. Die Meereshöhe beträgt bei der Stadtkirche 292 m, beim Rathaus 277 m und beim Bahnhofseingang 272 m. Die Aussichtsplatte auf dem Killesberg (Feuerbacher Heide) liegt 382 m, der Lemberg 383 m und die ‚Vier Buchen' liegen 443 m über dem Meere." (Adressbuch der Stadt Feuerbach von 1933).

Fläche

Feuerbach ist heute mit rund 11,5 qkm Fläche Stuttgarts viertgrößter Außenbezirk. Der Stadtbezirk Feuerbach wurde 2001 in die Stadtteile An der Burg, Bahnhof Feuerbach, Feuerbach-Mitte, Feuerbach-Ost, Feuerbacher Tal, Hohe Warte, Lemberg/Föhrich und Siegelberg eingeteilt. In Feuerbach-Mitte und im Föhrich wohnen die meisten Menschen.

Optimale Verkehrsanbindung

Feuerbach liegt an drei Bundesstraßen, der B 10, B 27 und B 295 – die Autobahn ist schnell zu erreichen. Drei S-Bahnen halten am Feuerbacher Bahnhof: S 4 (Marbach), S 5 (Bietigheim) und S 6 (Weil der Stadt) und vier Stadtbahnlinien durchqueren die Markung.

Im Oberdorf

Blick vom Burghaldenweg

Feuerbach heute

Jeden Samstag ist Wochenmarkt vor der Kelter.

Blick von der Oswald-Hesse-Straße zur Stadtkirche

Die ehemalige Gaststätte „Grüner Baum" mit dem wiederhergestellten Brunnen

Das Oberdorf ist der älteste Teil Feuerbachs, der sich über Jahrhunderte in seiner Grundstruktur weitgehend erhalten hat. Gekrönt von der alten Stadtkirche und dem Pfarrhaus finden sich um die Dorfkelter noch die eng „aufeinanderhockenden" kleinen Häuschen der Bauern und Weingärtner, aber auch noch Reste der größeren Höfe. Im Rahmen eines Wohnumfeld-Programmes des Landes Baden-Württemberg wurde 1983 eine umfassende Sanierung des Viertels vorgenommen. Der Brunnen vor dem Gasthaus „Grüner Baum" am Aufgang zur Stadtkirche wurde wiederhergestellt und kleinere Grünanlagen wurden geschaffen. An der Stelle des im Krieg zerstörten alten Rathauses ist ein neuer Platz entstanden, der dem Wochenmarkt dient, aber beim jährlichen Kelterfest oder Weihnachtsmarkt zum Festplatz umgewandelt wird.

Im Oberdorf

Im früheren Bandhaus ist heute die Föhrichschule untergebracht.

Hinter der Stadtkirche: Links das ehemalige Bandhaus der Universität Tübingen, das 1843 von der Gemeinde gekauft und zum Knabenschulhaus umgebaut wurde. Die danebenstehende Fachwerkscheuer in Ständerbauweise ist wahrscheinlich das älteste Fachwerkhaus in Stuttgart.

Der ehemalige Hof der Familie Ade in der Walterstraße

Dieses Straßenschild erinnert an den nach einer Brandstiftung abgebrannten Mohrenhof.

Das „Zweihaus" ist ein origineller Neubau, in dem unter einem Dach zwei Häuser ineinander verschachtelt sind.

Feuerbach heute

Im Oberdorf stößt man noch auf alte Straßenbezeichnungen: So gibt es noch die Brandgasse, die an einen Brand erinnert, und die Gaisgasse, wo sicher diese „Kuh der armen Leute" zu Hause war. Andere sprechende Namen wie die Marktstraße (zum Rathaus und zur Kelter) oder die Kirch- und Schulstraße sind leider inzwischen verschwunden.

Das letzte Tagelöhnerhaus steht noch an der Brandgasse.

Der Vorplatz der Kelter wurde nach dem Politiker Rudolf Gehring benannt, der nach 1945 erster Bezirksbürgermeister von Feuerbach, dann Stuttgarter Stadtrat und zuletzt Vizepräsident des Landtags war.

Das Bärenstäffele war einst die direkte Verbindung vom Dorfzentrum zum Badhaus am Mühlrain und hatte ursprünglich als „Bäderstäffele" von diesem seinen Namen abgeleitet.

Die nach dem Krieg wiederaufgebaute Scheuer des Rohstoffgeschäftes Rieker in der Mühlstraße dient heute einem Getränkehandel.

Im Oberdorf

„Beim Heimweg durch die Brandgasse, wo der Alteisenhändler seine kuriosen Öfen stehen hat, und weiter hinten, wo die Gaisgasse abbiegt und eine Holztreppe zum ersten Stock eines Weingärtnerhauses hinaufführt, kommen sie sich in den engen Gassen wie dispensiert von Benzindunst vor, obwohl sich auch in Feuerbach seit langem schon die Industrie angesiedelt hat. Aber die ländliche Vergangenheit ist hier noch immer riechbar."

Aus einem der biografischen Romane des Dichters Hermann Lenz

Gaisgassen-Idylle

In diesem liebevoll restaurierten Haus Ecke Brand-/Gaisgasse befand sich früher ein Kolonialwarenladen.

An der Stelle dieses Hauses stand einst auf der „Bellevue" das alte Forsthaus.

149

Feuerbach heute

Die Steige des Feuerbacher Wegs nach Stuttgart ist von alten Weingärtnerhäusern gesäumt.

Blick auf Kelter und Oberdorf

In der Schenkensteinstraße gibt es nach wie vor zwei Besenwirtschaften.

Beim „Emil" wird gut eingeschenkt.

Einer der typischen Feuerbacher Wohnhöfe in der Hohewartstraße

Im Oberdorf

Die Oswald-Hesse-Straße erinnert an den Chemiker, Fabrikdirektor und ersten Geschichtsschreiber von Feuerbach. In dieser Gegend haben sich relativ viele der typischen Backsteinhäuser erhalten. Die Anwohner werden leider vom Durchgangsverkehr vom Killesberg her stark bedrängt.

Das Gasthaus Biber hat im Jahr 2009 für immer geschlossen.

Die Tür der Gaststätte wird zugemauert.

„Feuerbacher Haus" in der Fahrionstraße, rechts der Turm der katholischen Josefskirche
In der oberen Oswald-Hesse-Straße stehen noch eine Reihe von Häusern aus der Zeit um 1900.

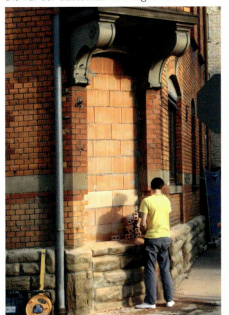

Feuerbach heute

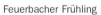

Oswald-Hesse-Straße mit Josefskirche und dem alten Pfarrhaus

Backsteingiebel

Feuerbacher Frühling

Ein charaktervolles Haus aus dem Jahr 1901

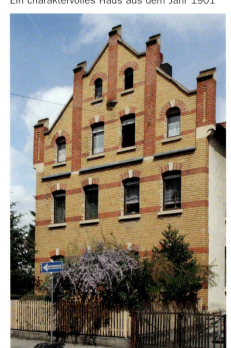

Zentrum

Stuttgarter Straße 2009

Feuerbach heute

Das Rathaus von 1909

Rathausgiebel mit Stadtwappen

Das am damaligen Ortsrand vor rund hundert Jahren erbaute Rathaus markierte den Aufbruch in ein neues städtisches Zeitalter. Bis heute ist es Sitz der Stadtbezirksverwaltung.

Rathaustreppe mit dem Fresko „Prometheus bringt den Menschen das Feuer" von Heinrich Kübler

Am Biberbrunnen vor dem Rathaus

Zentrum

Stadtbahnhaltestelle Wilhelm-Geiger-Platz

Eine wesentliche Verbesserung der schwierigen Verkehrssituation in Feuerbach brachte die Verlegung der Stadtbahn in den Untergrund und der Bau eines Straßentunnels für die B 295. 1995 konnte der 1,2 km lange Feuerbacher Tunnel unter dem Föhrich für den Verkehr freigegeben werden. Den Tiefbahnhof am Wilhelm-Geiger-Platz plante 1991 Prof. Klaus J. Zabel von der Stuttgarter Hochschule für Technik. Die Feuerbacher waren zuerst von dem leuchtend roten Stahlgerüst vor dem Rathaus irritiert, die meisten haben sich aber inzwischen an den Anblick gewöhnt.

Pavillons vor der Turn- und Festhalle

Die Gaststätte Schillerhaus von 1889 beim Rathaus

Nur wenige Meter vom Rathaus entfernt kann man noch blühende Gärten finden.

Feuerbach heute

Turn- und Festhalle, erbaut von den Architekten Bonatz und Scholer 1912

Nachdem noch um 1975 parteiübergreifend gefordert wurde, die Festhalle abzureißen und durch einen Neubau zu ersetzen, wurde sie inzwischen in die Liste der erhaltenswerten Denkmale eingetragen. Seit 1980 renoviert und mit zwei Anbauten versehen, dient die Halle den Feuerbachern wieder als gute Stube für festliche Ereignisse.

Bürgerversammlung in der Festhalle – 2010

Treffpunkt der Schüler

Feuerbacher Schmiedekunst

Zentrum

Die Burgenlandstraße wurde im Zuge von Sanierungsmaßnamen verschmälert und mit Baumpflanzungen begrünt. Eine Besonderheit Feuerbachs sind die ruhigen Innen- und Seitenhöfe, die sogar im Stadtzentrum ein angenehmes Wohnen ermöglichen.

Seitenhof in der Burgenlandstraße

In den gestalterisch hervorgehobenen Eckhäusern waren früher Gasthäuser oder Läden eingebaut.

Der Eberhardsbau in der Steiermärker Straße 90 stammt aus dem Jahr 1913. Das Lokal, das sich einst nach dem ersten württembergischen Herzog benannte, heißt heute schlicht „Im Eimer".

Auch die Linzer Straße kann mit architektonisch aufwendigen Bauten aufwarten.

Hausschmuck in der Linzer Straße

Feuerbach heute

Die Gaststätte Anker heißt heute italienisch „Da Nello".

Die im Zuge der Sanierung begrünte Grazer Straße ist eine wichtige Querverbindung.

In diesem typischen Backsteinhaus in der Burgenlandstraße hat ein Pflegebetrieb seinen Sitz.

Biergarten in einem Innenhof der Burgenlandstraße

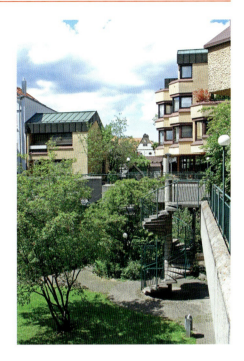

Burgenlandzentrum

Die evangelische Martin-Luther-Kirche war ursprünglich in dem von der Kirchengemeinde gemeinsam mit dem CVJM gekauften Wirtshaus „Zum Schlüssel" in der Sedanstraße (jetzt Leobener Straße) untergebracht. Auf dem Grundstück der Kirche wurde 1983 das Burgenlandzentrum errichtet und die Martin-Luther-Kirche integriert. In dem fünfstöckigen Baukomplex befinden sich heute eine Kindertagesstätte, die Musikschule und die Stadtbibliothek, eine Kunstgalerie, Läden, Arztpraxen und die „Richard-Bürger-Altenheimat". Der Name geht auf eine Stiftung von Richard Bürger zurück, der 1934 in Feuerbach seine Lebensmittelfabrik gründete. Schnell machte er sich einen Namen mit der Herstellung von Teigwaren, besonders von Maultaschen. Das kinderlose Ehepaar Bürger hat sich in Feuerbach immer stark engagiert. Die Firma ging 1960 an einen leitenden Mitarbeiter über und zog 1978 nach Ditzingen um.

Feuerbach heute

Das städtische Sammelgebäude in der Leobener Straße dient heute in erster Linie der städtischen Berufsfeuerwehr und als Wohnhaus.

Das städtische Sammelgebäude

Die Feuerwehr ist ständig in Bereitschaft.

Diese Terrakottafigur am Sammelgebäude wurde in der Notzeit der 30er-Jahre als „arbeitsloser Gottlieb" verspottet, denn im gleichen Haus mussten damals die Arbeitslosen täglich zum „Stempeln" gehen.

Im gegenüberliegenden ehemaligen städtischen Waaghaus befindet sich heute ein Schülertreff.

Zentrum

Ecke Wiener/St. Pöltener Straße

Villa in der St. Pöltener Straße

Städtische Bauformen

Wiener/Klagenfurter Straße

Die Gegend um das Rathaus zeigt noch am deutlichsten die städtischen Wohnformen, wie man sie nach 1910 bevorzugte: betonte Eckhäuser mit turmartigen Erkern und geschmückte Fassaden. Auffallend sind auch schmiedeeiserne Tore und Balkongitter mit Formen aus dem Jugendstil, aber auch aus dem Expressionismus.

Obere Stuttgarter Straße

Feuerbach heute

Stadthäuser in der Linzer Straße

„Hauff'sche Kolonie" in der oberen Stuttgarter Straße – 1910 ließ hier der Fabrikant Hauff vier Doppelhäuser für seine Angestellten errichten.

Der „Alte Friedhof" wurde 1619 angelegt, als der Begräbnisplatz an der Kirche nicht mehr ausreichte. Nachdem 1899 der „Neue Friedhof" eingeweiht worden war, ließ die Stadt 1914 hier einen Park anlegen.

Die Hohewartstraße war einst die Solitudestraße. Nach und nach verschwinden hier die alten Häuser.

Zentrum

1991 wurde am Zwickel zwischen Feuerbacher-Tal-Straße und Hohewartstraße anstelle des inzwischen verbauten Gebäudes der Stadtapotheke der markante „Biberturm" des Feuerbacher Architekten Werner Schwarz als Hotel- und Geschäftszentrum eingeweiht.

Links zu sehen ist die Mauer des „Alten Friedhofs", dahinter der Neubau an der Stelle des im Krieg zerstörten Fuhrmanns-Gasthauses Rose. Im Hintergrund erkennt man den Staffelgiebel der ehemaligen Gaststätte Kreuz von 1926.

Das namensgebende Feuerbacher Wappentier steht in Bronze gegossen vor dem Biberturm.

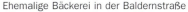

Ehemalige Bäckerei in der Baldernstraße

Feuerbach heute

Straßencafé in der Stuttgarter Straße

Stuttgarter Straße

Das ungewöhnliche Schreibwarengeschäft Lanz

Die Stuttgarter Straße, ursprünglich schon von den Römern angelegt, ist heute noch das kommerzielle Rückgrat von Feuerbach. Hier befinden sich die Banken, die Post und die meisten Ladengeschäfte von Feuerbach, darunter mehrere Bäcker, Metzger und allein fünf Apotheken. In den Höfen finden sich Handwerksgeschäfte und im Sommer laden Straßencafés zum Verweilen ein. 1975 plante man hier eine durchgehende Fußgängerzone. Aufgrund von Einsprüchen der Geschäftsleute und der Anwohner nahm man von dieser Idee Abstand. Nachdem die Straßenbahnlinie verlegt worden war, wurden im Zuge von Sanierungsmaßnahmen von 1987 bis 2002 die Gehwege verbreitert und Bäume gepflanzt. Nun macht hier das Einkaufen wieder Spaß.

Jedes Jahr lädt der Gewerbe- und Handelsverein an einem Sommerwochenende zum „Feuerbacher Höflesmarkt" ein.

Zentrum

Die Reste des im Krieg zerstörten Hofes des Pferdefuhrunternehmers Adolf Zierle stehen mitten im Zentrum in der Klagenfurter Straße. Die alte Flakbaracke von der Banzhalde, die im Sommer mit Reben und Blumen geschmückt ist, dient heute noch als Wohnung.

Der alte Hirschbrunnen von 1877 war lange auf die Hohe Warte verbannt. 1984 wurde er im Rahmen eines Brunnenfestes wieder an seinem angestammten Platz aufgestellt.

An Ostern wird der Hirschbrunnen nach altem Brauch von den Kindern der Tagesstätte in der Forsthausstraße geschmückt.

Direkt neben dem Brunnen hat ein italienisches Café seine Tische aufgestellt.

165

Feuerbach heute

Im Jahr 2010 wurde mit dem Abriss des Hochhauses der Volksbank und der nachfolgenden Häuserzeile die Teil-Sanierung der mittleren Stuttgarter Straße begonnen.

Die Stuttgarter Straße mit dem Volksbank-Hochhaus von 1958. Bei seiner Einweihung wurde das Gebäude als „ein Wahrzeichen für den Fleiß und die Schaffenskraft der Bürger und der vielfältigen Industriezweige, die die Stadt beheimatet" in der Presse begrüßt. Die Volksbank Feuerbach, damals eine der größten im Lande, wurde 1970 in die Stuttgarter Bank integriert.

Blick vom Hochhaus zum Lemberg

Blick vom Hochhaus zur Stuttgarter Straße

Sanierungsviertel vor dem Abriss 2009

Zentrum

Jahreszeiten
in der Stuttgarter Straße

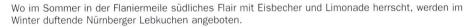
Wo im Sommer in der Flaniermeile südliches Flair mit Eisbecher und Limonade herrscht, werden im Winter duftende Nürnberger Lebkuchen angeboten.

Einkaufen wie im Basar

Feuerbach heute

Das Städtische Kindertagheim in der Stuttgarter Straße 49

Ein Handwerkerhof und die Auslagen eines Obstgeschäftes

Die „Alte Apotheke" von 1884 wurde von den Besitzern wieder liebevoll renoviert.

Die dunkel getönten Eichenholzregale der Apotheke stammen noch aus der Ersteinrichtung.

Ristorante Bella Napoli

Neben der Fließbandarchitektur der Nachkriegszeit finden sich in der Stuttgarter Straße noch einige gepflegte architektonische Perlen.

Stuttgarter Straße 47, eine stilvolle Villa der Jahrhundertwende

Das Allgöwer-Haus aus den 20er-Jahren wurde in jüngster Zeit vorbildlich restauriert.

Das typische „Feuerbacher Haus" ist auch noch in der Stuttgarter Straße vertreten.

Feuerbach heute

1985/86 wurde auf dem ehemaligen Fabrikgelände der chemischen Fabrik Hauff in der unteren Stuttgarter Straße ein großes Einkaufszentrum errichtet. Zusammen mit der Umgestaltung des Roser-Geländes und der Ansiedlung zweier Discounter ergab sich dadurch eine deutliche Verlagerung des Geschäftszentrums in Richtung Bahnhof.

Im Rahmen der Sanierung des Roser-Areals wurde der Feuerbach nach einem Jahrhundert symbolisch wieder ans Licht gebracht.

Das Roser-Areal ist ein Beispiel für eine gelungene Stadtsanierung in Feuerbach. An die Stelle der 1994 in Insolvenz gegangenen Lederfabrik Roser wurden nach Plänen der Feuerbacher Architekten Schwarz bis 2002 ein Bau- und Gartenmarkt, ein Haus der Gesundheit mit Arztpraxen und Reha- und Gymnastikeinrichtungen sowie Büro- und Geschäftshäuser gebaut.

Haus des Bauens – Bludenzer Straße 6

Feuerbacher Silhouetten

Zentrum

Links oben: Das Areal der Lederfabrik Roser belegte um 1990 noch ein ganzes Stadtviertel im eigentlichen Wohngebiet.

Links unten: das inzwischen sanierte und entkernte Fabrikgelände mit dem neuen Kulturhaus

Im denkmalgeschützten ehemaligen Maschinenhaus der Firma Roser ist inzwischen die Lokalbrauerei Wichtel eingezogen.

Entlang der Oswald-Hesse-Straße entstanden Erweiterungsbauten für den Thieme-Verlag, ein Seniorenzentrum und ein Wohnkomplex mit 200 Wohneinheiten. Die zwei denkmalgeschützten Backsteingebäude des Architekten Paul Bonatz blieben erhalten und dienen heute als Bürgerhaus, der Freien Musikschule und der Gastronomie einer Lokalbrauerei. So kehrte in eine Industriebrache wieder ein vielseitiges und urbanes Leben zurück mit einer Mischung aus Kommerz, Wohnen und Kultur.

Feuerbach heute

Das Högenbrünnele von 1913

Eine ähnliche Chance der Stadtreparatur bietet das ebenfalls durch Insolvenz 2007 frei gewordene Fabrikgelände Schoch. Allerdings stehen einer baldigen Lösung die umstrittenen Besitzverhältnisse entgegen. Weiter muss vor einer Bebauung der in Jahrzehnten mit giftigen Chemikalien kontaminierte Boden mit Millionenaufwand gereinigt werden.

In der Stuttgarter Straße 6 steht noch die 1919 gegründete private Technische Fachschule Tochtermann, eine Feuerbacher Institution.

Die ehemalige Schoch'sche Fabrik

Leere Fabrikhallen warten auf Sanierung.

Zentrum

Tunnelstraße mit Blick auf den Bahnhof Feuerbach

Der Bahnhofsbereich

Bahnhofsvorplatz

Feuerbach hatte durch seine Industrie immer mehr Arbeitsplätze als Einwohner. Deshalb spielte der Bahnhof von Anfang an für die vielen Einpendler eine wichtige Rolle. Durch Sanierungsmaßnahmen soll die bis jetzt noch bestehende städtebauliche Barriere zum Zentrum abgebaut und der Bahnhofsplatz aufgewertet werden.

Eingang zum Bahnhof

Das historische Postgebäude wurde von 1969 bis 1976 in drei Abschnitten modernisiert und mit einem Anbau versehen. Mit seiner Wellblecharchitektur wirkt das kaum mehr genutzte Gebäude wenig einladend.

Feuerbach heute

Am Bahnhofsplatz haben sich noch zwei Bunkerbauwerke aus dem Zweiten Weltkrieg erhalten: ein oberirdischer, nach seinem Erfinder benannter „Winkel-Turm" und ein großer unterirdischer Tiefbunker unter dem Bahnhofsplatz. Beide Bunker können bei Führungen des „Vereins Schutzbauten Stuttgart" besichtigt werden.

Der Einmannbunker am Eingang des Tiefbunkers ist Teil der historischen Bunkerführung.

Im ehemaligen Bahnhotel ist heute eine städtische Ganztageseinrichtung für Kinder untergebracht.

Gebäudekomplex der Bosch-Verwaltung beim Wiener Platz

Im Zuge des Ausbaus der Stadtbahnlinie in den Jahren 1990 bis 1992 strebte die SSB in Feuerbach besondere architektonische Lösungen an: Für die Haltestelle am Bahnhof wurde das prominente Büro Behnisch und Partner beauftragt, das auch den Hochbunker mit einem originellen Glasdachflügel versah (siehe Bild links oben).

Die Verlegung der Stadtbahn in den Untergrund ermöglichte die Begrünung der unteren Wiener Straße.

Die Firma Taxis – ein Feuerbacher Traditionsunternehmen in der Bludenzer Straße

Büroneubau in der Steiermärker Straße

Werkstätten des Evangelischen Jugenddorfes

Das ehemalige Café Wien am Wiener Platz

Feuerbach heute

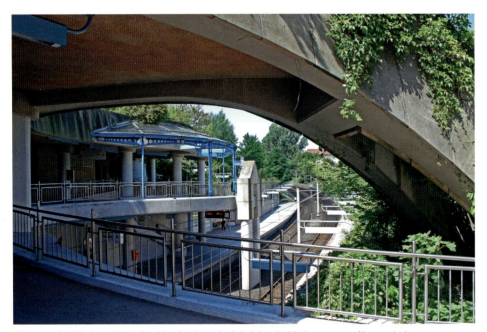

Die neue Stadtbahnhaltestelle „Krankenhaus" wird sicher bald einen neuen Namen bekommen.

Neubauten beim ehemaligen Straßenbahn-Depot Feuerbach

Das ehemalige Feuerbacher Heimatmuseum, das 1970 aufgelöst wurde

Der Eingang des Feuerbacher Krankenhauses vor dem Abriss 2009

Wohn- und Erholungsgebiete

Blick vom Lemberg auf die Neubauten im Föhrich und auf der Banzhalde

Feuerbach heute

Föhrichsiedlung – das Hochhaus

Im Föhrich

Seit der Durchgangsverkehr der Bundesstraße in den Untergrund verbannt wurde und die Siedlungen umfassend saniert worden sind, ist das Leben für die Bewohner im Föhrich wesentlich angenehmer geworden.

Fassaden an der Föhrichstraße

Föhrichsiedlung – Hauseingang

Wohn- und Erholungsgebiete

Steigerwaldstraße mit Föhrichkirche

Typisches Vorstadthaus

Mit Sorgfalt renoviertes Doppelhaus in der Steigerwaldstraße

Thüringer-Wald-Straße im Winter

In der Vorstadt im Föhrich aus den 1920er-Jahren findet man noch ruhige Anliegerstraßen mit ansehnlichen Häusern, in deren Vorgärten sich im Frühling und Sommer eine bunte Blumenpracht ausbreitet. Aber auch im Winter hat die schneebedeckte Siedlung ihre besonderen Reize.

Feuerbach heute

Siedlung Wohnpark am Triebweg

Seniorenzentrum am Pfostenwäldle – 2009. Das „Paul-Hofstetter-Haus" der Arbeiterwohlfahrt wurde von 1967 bis 1969 an der Stelle eines Barackenlagers errichtet. Es beherbergte damals 150 Senioren. Bis Ende 2009 wurde es vollständig neu errichtet.

Der „Wohnpark am Triebweg" für 1200 Bewohner konnte ab 1971 bezogen werden. In der Föhrichwaldsiedlung entstanden 372 Eigentumswohnungen, 1974 kam das neue Wohngebiet auf der Banzhalde mit 950 Wohnungen hinzu. Die Straßen in der Banzhalde wurden nach deutschen Exil-Schriftstellern aus der Zeit der Nazi-Herrschaft benannt.

Siedlung Thomas-Mann-Straße

Im Pfostenwäldle beschaffte man sich früher die Pfosten für die Weinberge.

Wohn- und Erholungsgebiete

Aufgang zum „Horn". Der Lemberg, der nach drei Seiten steil abfällt, ist mit der „Hohen Warte" das Hauptweinanbaugebiet von Feuerbach.

Lemberg

Das Kotzenloch am Lemberg ist ein alter Geländeaufbruch im bunten Mergel, der von den Weingärtnern zur Düngung abgebaut wurde. Das Naturdenkmal wächst leider immer wieder zu.

Immer mehr Weinberge sind im Laufe der Zeit zu Wochenendgrundstücken umgewandelt worden.

Der Feuerbacher Höhenweg am Rande des Naturschutzgebietes Greutterwald bietet ein herrliches Panorama.

Feuerbach heute

Blick vom Lemberg auf den neueren Ortsteil

Winteridyll bei der griechisch-orthodoxen Kirche

Die vom WOGV aufgestellten Holzschilder halten die alten Gewandnamen in Erinnerung. Der schon 1451 genannte Heilgenweingarten gehörte der örtlichen Kirchenpflege. Sein Ertrag diente zur Erhaltung der Kirche und der Armenfürsorge.

Winterspaziergang auf dem Höhenweg

Im Wald auf dem Lemberg finden sich noch die Reste der alten keltischen Befestigungswälle.

Wohn- und Erholungsgebiete

Neubauviertel

Nachdem Feuerbach in den vergangenen Jahrzehnten immer mehr Einwohner verloren hatte, versuchte man bewusst, neue Wohngebiete für junge Familien auszuweisen und zu fördern. Im Jahr 2000 entstanden in dem neuen Wohngebiet Schelmenäcker 300 Wohneinheiten für junge Familien und eine Kindertagesstätte. Im gleichen Jahr wurde dort mit öffentlichen Fördermitteln auch eine Siedlung mit 52 Passivhäusern erstellt. Diese von den Stuttgarter Architekten Rudolf geplanten Häuser weisen durch wärmegewinnende Maßnahmen gegenüber normalen Bauten einen Energiegewinn von 80 Prozent auf.

Siedlung Schelmenäcker – Richard-Albrecht-Weg

Unten und rechts: Passivhäuser in den Schelmenäckern

Feuerbach heute

Blick über Feuerbach zum Neubaubereich mit der erhaltenen Grünzone

Neue Siedlungen am Schelmenwasen

Auch im unweit gelegenen Hattenbühl entstand neben einer neuen Schule mit Kinderhort eine Siedlung für preiswertes Wohnungseigentum. Die geplante intensive Hangbebauung führte zu energischen Protesten durch Umweltschützer, mit dem Ziel, die Grünareale an den Hängen als Frischluftschneisen zu erhalten. Nach vielen Diskussionen wurde ein vernünftiger Kompromiss gefunden: In einer belassenen breiten Grünzone zwischen der bestehenden Bebauung entstand ein großer Kinderspielplatz mit Bachlauf, Brücken, Hütten und einer blühenden Sommerwiese mit Obstbäumen.

Der 1993 vom Gewerbe- und Handelsverein und der Firma Wöhr ins Leben gerufene Ortsbus Feuerbach verbindet die Bewohner der äußeren Wohngebiete mit den öffentlichen Verkehrsmitteln.

Links und unten: Grünschneise mit Kinderspielplätzen

Wohn- und Erholungsgebiete

Blick auf das Burghaldengebiet

Vom Burghaldenweg zur Kirche St. Josef

Terrassenhaus im Burghaldenweg

In den einstigen Weinbergen der Burghalde entstand in aussichtsreicher Lage über dem Ort ein gepflegtes Wohngebiet mit modernen Villen und Terrassenhäusern. Nach und nach wurde hier inzwischen der ganze Hang bebaut.

Die letzten freien Flächen werden geschlossen.

185

Feuerbach heute

Links: Ein ungewöhnlicher Firmenbau entstand für den Georg Thieme Verlag in der Rüdigerstraße. Die zur Straße hin gerundeten Bauten des medizinischen Fachverlags wurden von 1979 bis 1981 von Joachim F. Berg und Ulrich Klauss in den Hang zum Killesberg integriert. Vor dem Gebäude ließ der Verleger, der gleichzeitig ein bedeutender Kunstsammler ist, eine kinetische Plastik von George Rickey aufstellen.

Das Traditionslokal „Felsenkeller" in der Tunnelstraße diente jahrzehntelang als Modellbau-Werkstatt und ist heute Sitz einer Sportschule.

Im Gebiet Fleckenweinberg ist anstelle der Weinberge eine große Wohnsiedlung im Grünen entstanden. Die Straßenführung folgt den alten Weinbergwegen. ▼

Der Dobelweg zum Fleckenweinberg ist ein Teilstück des ausgeschilderten „Talkrabbenwegs".

Wohn- und Erholungsgebiete

Blick von der Gartenkolonie Waldbad zum Gebiet Grünewaldstraße

Ungewöhnliche Bauten in der Grünewaldstraße

1958 wurde das in den Notjahren nach dem Krieg angelegte Kleingartengebiet am ehemaligen Waldbad am Kräherwald nach Protesten und Eingaben endgültig den Kleingärtnern übereignet.

In der Aussichtslage der Grünewaldstraße entwickelte sich eine exklusive Wohngegend.

Frühling in der Walpenreute

Wohngebiet Burgherrenstraße

187

Feuerbach heute

Im Feuerbacher Tal

Blick von der Gärtnerei Müller zur Burgstelle Frauenberg

Das Feuerbacher Tal nach Botnang war immer ein wichtiges Naherholungsgebiet für Feuerbach. Schon bald nach dem Zweiten Weltkrieg wurde es deshalb unter Landschaftsschutz gestellt. Trotzdem war es immer wieder gefährdet, z.B. als 1964 eine Bebauung mit Hochhäusern für 100 000 Bewohner diskutiert wurde oder das Gebiet von der Mähderklinge bis zur Hohen Warte als Waldsiedlung geplant war.

Beim ehemaligen Waldbad in der Kohlgrub

Gärtner Müller hat sich eine historische Straßenbahn ins Gelände gestellt.

Im „Besen im Grünen" in der Burgherrenstraße

Sommer im Feuerbacher Tal

Wohn- und Erholungsgebiete

Friedhofseingang mit Feierhalle

Der „Neue Friedhof" in der Feuerbacher-Tal-Straße wurde 1899 eingeweiht. Schon 1907 musste er wesentlich vergrößert werden. Die letzte Erweiterung auf acht Hektar erfolgte 1955. Die neue Feierhalle wurde 1967 errichtet. Hier lassen sich noch die Gräber vieler bekannter Feuerbacher finden.

Gräberfeld

Das Grab des populären Wundarztes Rendlen, Mitbegründer des ersten Feuerbacher Sportvereins

Rolf Adam, Stadtrat und Vorsitzender des Bürgervereins Feuerbachs, starb 2009.

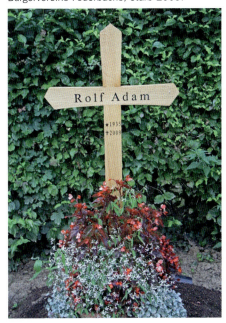

189

Feuerbach heute

Die alte Waldheimbaracke

Kinderparadiese

Das 1921 vom Verein für Wohlfahrtspflege in Feuerbach gegründete Waldheim im Heimberg wurde 1946 von der Arbeiterwohlfahrt gemietet und später in Erbpacht übernommen. Es dient seither zur Stadtranderholung für Kinder. 1964 wurde auf dem Gelände noch ein Neubau mit einer Gaststätte erstellt.

Gaststätte Heimberg

Das ehemalige Solebad des Waldheims nützt heute ein Wald-Kindergarten.

Die Familie Ade gründete um 2002 zwischen Talstraße und Feuerbach eine Tierfarm mit Pferden, Ponys, Lamas, Alpakas, Ziegen, Schafen und Hühnern. Kinder können dort reiten oder ihren Geburtstag mit Freunden feiern.

Wohn- und Erholungsgebiete

Spielen am Feuerbach

Grenzstein von 1776 am Bachufer zum Kräherwald

Am Feuerbach

Die Bachaue ist ein beliebtes Naherholungsgebiet.

Der noch ziemlich ursprünglich und natürlich gebliebene Bachlauf des Feuerbachs gehörte stets zu Feuerbach. Doch schon der hinter dem Bachufer sich den Hang hinaufziehende Kräherwald zählte früher zur Stuttgarter Gemarkung. Hier finden sich auch noch alte Grenzsteine.

Der renaturierte Bach am Ortsrand

Feuerbach heute

Landgasthof „Im schönsten Wiesengrunde". Für den Gast gibt es immer einen schönen Spruch zur Begrüßung.

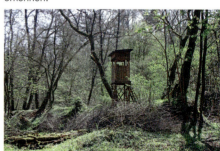

Die Burg Lichtenstein steht im Vorgarten.

Das Schützenhaus der „Neuen Schützengesellschaft" von 1908 am Anfang des Feuerbacher Tals

Die alten Schießwälle des Standort-Schießplatzes Mähderklinge kann man im Wald noch erkennen.

Musikvereinsheim in der Mähderklinge

Wohn- und Erholungsgebiete

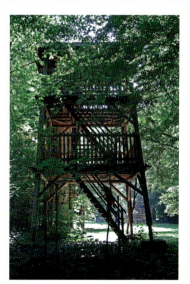

Im „Evangelischen Waldheim" verbringen Hunderte von Kindern in den Sommerferien vergnügliche Wochen. Das am Waldrand vor Botnang liegende Erholungsheim wurde bereits 1921 errichtet. Damit ist es das älteste noch betriebene evangelische Waldheim im Land. In der großzügig bemessenen Anlage gibt es neben einigen alten Blockhäusern eine moderne Mehrzweckhalle.

Der Waldhof hat seinen Gaststättenbetrieb längst eingestellt. Das Areal wurde mit dem Reiterhof bei der Neuaufteilung der Stadtbezirke Botnang zugeteilt.

Hölzerner Spielturm im Gelände des Waldheims

Moderner Kindergarten in der Burgherrenstraße

Reitergruppe vom Reiterhof

Feuerbach heute

Rückansicht des ehemaligen Gasthofes „Hohenwarte", der nach seinem Besitzer einfach „Bracke" genannt wurde.

Hohe Warte

Auf dem vom Wein-, Obst- und Gartenbauverein gepflegten „Brackeplatz" findet jedes Jahr im Frühsommer das Brackefest statt.

Wegkreuz an der Hohen Warte

An der Hohen Warte liegt das zweite große Weinanbaugebiet Feuerbachs. Der Gasthof „Hohenwarte" der Familie Brack wurde früher gerne von Spaziergängern und den Gartenbesitzern aufgesucht.

Brackeplatz mit altem Pumpbrunnen

Auf der Hohen Warte könnte in alter Zeit ein Wachtturm gestanden haben. Hier, wo einst die „Steinstraße" von der Solitude herüberkam, kreuzten sich mehrere Wege. 1956 wurde hier für die Bodenseewasserversorgung ein Hochbehälter gebaut, der auch Weilimdorf und Kornwestheim versorgt.

„Wasserschlösschen" der EnBW

Kirchen

Innenraum der katholischen Kirche St. Monika

Feuerbach heute

Die Stadtkirche thront über dem Oberdorf.

Auch das Kircheninnere wurde mehrmals verändert.

Das Pfarrhaus

Die evangelische Stadtkirche war fast ein Jahrtausend lang geistliches Zentrum von Feuerbach. Sie hat viele Umbauten und Eingriffe über sich ergehen lassen müssen, ist aber nach dem Zweiten Weltkrieg weitgehend im alten Zustand wiederhergestellt worden. Die modernen Glasfenster im Altarraum von Wolf-Dieter Kohler wurden 1953 vom Feuerbacher Fabrikanten-Ehepaar Kunzi gestiftet. Die Turmhöhe der Stadtkirche beträgt 38 m. Der äußere Zustand des Pfarrhauses entspricht noch dem Umbau von 1756. Im Jahr 1973 wurde das Gemeindehaus an die Kirche angebaut, dessen schroffe Betonfassade inzwischen begrünt wurde.

Das Gemeindehaus

Moderne Buntglasfenster im Altarraum

Kirchen

Die evangelische Christophskirche wurde 1970 von den Architekten Fiedler & Aichele im Neubaugebiet Fleckenweinberg errichtet. 1957 war das Gebiet kirchlich der Brenzgemeinde in Stuttgart-Nord zugeschlagen worden. Ihr Namenspatron ist der württembergische Herzog Christoph. Ein Verkauf der Kirche aus Kostengründen ist geplant.

Evangelische Gustav-Werner-Kirche – 1954/55 von den Architekten Fritz und Holstein als Gemeindehaus für die geplanten neuen Siedlungen errichtet. Damals lag das Gebäude noch am Rande von Feuerbach.

Die evangelische Lutherkirche ist heute als „Ladenkirche" Teil des Burgenland-Zentrums.

Feuerbach heute

Die katholische Kirche St. Josef, Oswald-Hesse-Straße, ersetzte 1934 die erste katholische Kirche von Feuerbach. Bekannt sind der Chor und das Orchester von St. Josef unter der Leitung von Detlev Dörner. Das Repertoire reicht vom gregorianischen Gesang bis zur Moderne. 1961 wurde ein neues Gemeindezentrum mit einem Saal für 400 Personen und Jugendräumen angebaut.

Oben und unten: St. Josef – Kircheninneres

Katholische Kirche St. Gisela, Kyffhäuserstraße. Das Gemeindezentrum um eine Kirche mit 300 Plätzen wurde von 1971 bis 1973 von dem Architekten Klaus Franz, Professor an der Kunstakademie Stuttgart, errichtet. Zum Komplex gehören neben dem Kindergarten und Jugendräumen auch Altenwohnungen.

Kirchen

Die evangelisch-freikirchliche Christuskirche der Baptisten steht seit 1964 in der Rhönstraße.

Die evangelische Föhrichkirche ist eine hölzerne Notkirche von 1930. Das Provisorium aus der Krisenzeit tut noch immer seinen Dienst, soll aber in den nächsten Jahren aufgegeben werden.

Die neuapostolische Kirche befindet sich seit 1978 in der Klagenfurter Straße.

Im Jahr 1915 wurde in der Eichstraße 106 (heute Burgenlandstraße) die Friedenskirche, ein Mehrzweckbau der evangelisch-methodistischen Gemeinde, eingeweiht. 1957 kam noch ein Kindergarten hinzu.

Die Soutanen der „Piusbrüder" gehören inzwischen zum Feuerbacher Straßenbild.

Feuerbach heute

St. Maria Himmelfahrt – Kircheninneres

Das kantige Gebäude des Gospelforums

Der Bau der Kirche St. Maria Himmelfahrt geht auf Auseinandersetzungen innerhalb der katholischen Kirche zurück: Der französische Erzbischof Marcel Lefebvre (1905–1991) war der Anführer der konservativen Opposition, die die Reformen des Zweiten Vatikanischen Konzils ablehnte. 1970 gründete er als Gegenbewegung die „Priesterbruderschaft St. Pius X". Lefebvre wurde deshalb 1976 vom Papst suspendiert und 1988 exkommuniziert. Der deutsche Hauptsitz der Lefebvre-Bruderschaft befindet sich in Feuerbach in der Stuttgarter Straße 24. Dazu gehört auch „St. Maria Himmelfahrt", die Kopie einer barocken Dorfkirche in Stahlbeton, in der die Messe noch im tridentinischen Ritus auf Latein zelebriert wird. Die Schüler des dazugehörenden Priesterseminars fallen in Feuerbach durch ihre wallenden römischen Soutanen ins Auge.

Anfang 2001 wurde das Gospel-Forum der Biblischen Glaubens-Gemeinde (BGG) in der Junghansstraße eingeweiht. Es ist mit mehr als 3000 qm die größte Kirche Stuttgarts. Die seit 1955 bestehende evangelische Freikirche ließ sich das Anwesen, in dem sonntags bis zu 2200 Gläubige zusammenkommen, 25 Millionen DM kosten. Mit flottem Gesang, begleitet von rhythmischem Klatschen, Synthesizer und Schlagzeug, wird hier nach amerikanischem Vorbild das Evangelium als Massenerlebnis verkündet.

Schulen

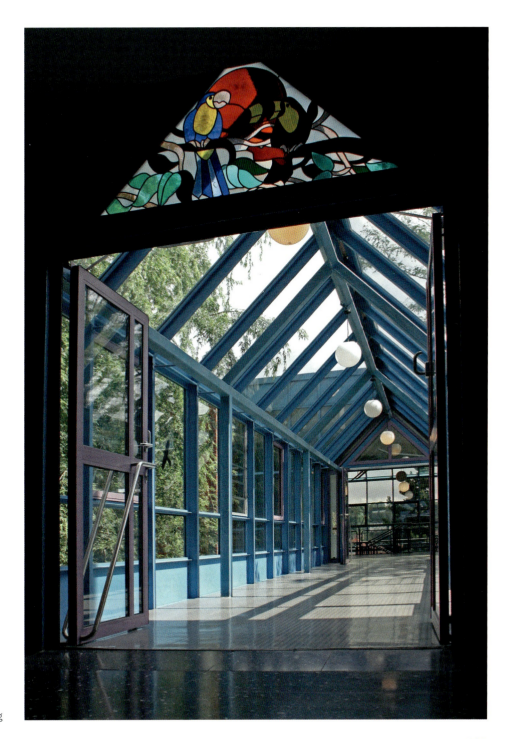

Gewerbliche Schule für Farbe und Gestaltung

Feuerbach heute

Die Bismarckschule in der Wiener Straße hat heute wesentlich weniger Schüler als zu ihrer Erbauungszeit 1906. Sie erhielt aber trotzdem eine Aufstockung und in neuerer Zeit einen Anbau, weil heute die Klassenstärken wesentlich kleiner sind.

Die Föhrichschule wurde 1960 als Sonderschule für Lernbehinderte im ehemaligen Turnvereinsheim an der Weilimdorfer Straße gegründet. Nach dem Umzug der Schule in das ehemalige Bandhaus in der Sartoriusstraße behielt sie ihren Namen bei. Heute werden in den umgebauten historischen Gebäuden rund 60 Kinder in Förderklassen unterrichtet.

Eingang der Bismarckschule

Unter dem aus drei Gebäudeteilen zusammengefügten Komplex der Föhrichschule befindet sich noch der alte Weinkeller der Universitätspflege Tübingen.

Schulen

Oben und rechts oben: Die einstige „Königliche Realschule für Jungen" von Bonatz und Scholer hat zwei Weltkriege gut überstanden und macht im Äußeren und Inneren noch immer einen gepflegten Eindruck. Seit der Einführung der Koedukation 1963 heißt die Schule „Leibniz-Gymnasium".

Durch das Einzugsgebiet seiner Gymnasien, aber besonders durch seine Berufs- und Fachschulen hat Feuerbach als Schulsitz überörtliche Bedeutung in der Region.

Das Neue Gymnasium ist ein unmittelbarer Nachbar, zeigt aber ein deutlich moderneres Gesicht. Es wurde 1956 als Mädchengymnasium gebaut und zehn Jahre später durch einen Neubau ergänzt.

Feuerbach heute

Die Bachschule in der Dieterlestraße ist die älteste noch bestehende Hauptschule in Feuerbach. Sie wurde allerdings nach der Kriegszerstörung 1970 wieder neu aufgebaut.

Hohewartschule – neues Hauptschulgebäude

Komplex der Hattenbühlschule

Holzskulptur am Eingang der Bachschule

Die Hohewartschule wurde als Ersatz für die im Zweiten Weltkrieg zerstörte Solitudeschule gebaut. Sie ist inzwischen mehrmals erweitert worden.

Die Hattenbühlschule entstand 1975 als Grundschule für das neue Wohnviertel am Hattenbühl.

Schulen

Meisterstücke der Raumgestalter

Die Kerschensteinerschule in der Steiermärker Straße 72 ist eine Gewerbeschule mit technischem Gymnasium, Berufskollegs und Fachschulen in den Bereichen Chemie, Physik, Gesundheit, Raumgestaltung, Textiltechnik und Bekleidung (z. B. für Berufe in der Wäscherei und Färberei), Chemielaboranten, Schneider, Kürschner und Raumausstatter. 2009 feierte die Schule ihr hundertjähriges Jubiläum. Begonnen hat sie in der Feuerbacher Sartoriustraße als Gewerbeschule für Metall- und Holzberufe. 1957 konnte man das neu errichtete Schulgebäude in der Steiermärker Straße beziehen. Heute unterrichten in der inzwischen erweiterten Schule rund 140 Lehrer mehr als 2200 Schüler.

Die Big Band der Lehrer und Lehrerinnen der Kerschensteinerschule beim Jubiläum

Die Louis-Leitz-Schule, Kaufmännische Berufsschule und Wirtschaftsgymnasium, Wiener Straße 51, wurde zusammen mit dem Feuerbacher Schwimmbad von Architekt Manfred Lehmbruck bis 1965 errichtet. Die Kaufmännische Schule konnte so endlich ihr Notquartier im Leibniz-Gymnasium verlassen.

Feuerbach heute

Gewerbeschule für Farbe und Gestaltung

Gewerbeschule für Holztechnik

1967 erfolgte die Einweihung der Berufs- und Fachschule für Holz und Kunststoffe und der Gewerblichen Berufsschule und Höheren Fachschule für Farbe und Gestaltung der Architekten Gläser und Schmidt. Mit ihnen wurde die hundertste Schule in Stuttgart nach dem Krieg eingeweiht. Im Zentrum der beiden lang gestreckten Gebäude liegt der Eingang zu den Schulen. Der Einzugsbereich der Meister- und Technikerschulen reicht sogar über Deutschland hinaus.
Einen guten Ruf hat auch die seit 1919 in Feuerbach bestehende private Technische Fachschule Tochtermann, die bis heute über 18 000 Menschen beruflich ausgebildet hat.

Das Industrieviertel

Die Heilbronner Straße – eine der wichtigsten Verkehrsadern Stuttgarts

Feuerbach heute

Die Pragkreuzung ist die verkehrsreichste Kreuzung Stuttgarts.

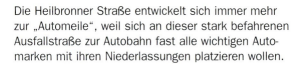

Die Heilbronner Straße entwickelt sich immer mehr zur „Automeile", weil sich an dieser stark befahrenen Ausfallstraße zur Autobahn fast alle wichtigen Automarken mit ihren Niederlassungen platzieren wollen.

Deutsche-Telekom-Zentrum, Maybachstraße 54–56

Über die vierspurig ausgebaute Heilbronner Straße führt eine neue geschwungene Brücke Richtung Burgholzhof.

2009 wurde mit „Mr. Wash" das größte Auto-Servicecenter Europas eröffnet. Die riesige Autopflegeeinrichtung in der Heilbronner Straße, deren Bau 28 Millionen Euro gekostet hat, beschäftigt rund 130 Mitarbeiter. In der Presse wurde die ungewöhnliche Form des Gebäudes mit einem „gelandeten Ufo" verglichen.

Das Industrieviertel

Mercedes-Benz-Bank

Eingangshalle des Sozialamts der Deutschen Bundespost

Der zwischen 2002 und 2005 errichtete Verwaltungs-Komplex der Mercedes-Benz-Bank war eines der ersten Gebäude der geplanten „City Prag" am Pragsattel.

Das blockfüllende Sozialamt der Deutschen Bundespost (SAP) im Viertel Leitz-/Maybachstraße entstand 1986 bis 1991 nach den Plänen der Stuttgarter Architekten Ostertag und Vornholt. Die Gebäudeanlage wird von einer 60 m überspannenden, begrünten Betonschale im Zentrum des großen Komplexes erschlossen. Den Hofeingang markiert eine Stahlplastik von Erich Hauser, im Inneren wird neben anderen Kunstwerken ein Metallrelief von Hubertus von Pilgrim gezeigt. Hier entstand aus einer verwahrlosten Industriezone ein städtebaulich gut strukturiertes neues Quartier.

Feuerbach heute

Die Industrie- und Dienstleistungsbetriebe Feuerbachs sind auch heute noch vor allem im östlich von der Bahn gelegenen Gebiet um die verkehrsreiche Heilbronner Straße konzentriert, wo ein Wohnen ohnehin kaum mehr möglich ist. Hier ist ein großer Wandel von der Produktion zur Dienstleistung festzustellen. Viele alteingesessene Firmen sind inzwischen verschwunden, andere sanieren ihre alten Firmenkomplexe und ganz neue Unternehmen siedeln sich an. Insgesamt haben sich die Arbeitsplätze aber stetig verringert, immer mehr Industriebrachen tun sich auf.

Die Firma Leitz war lange Zeit Europas größter Hersteller von Registraturmitteln und exportierte ihre Produkte in die ganze Welt. Von 1965 bis 1970 entstand am Standort Feuerbach noch ein großes Erweiterungsgebäude mit massiven Sichtbetontürmen, die symmetrisch vor die Fassaden gestellt wurden. Ein 1991 fertiggestellter Verwaltungstrakt bewahrt die historische Villa des Papierfabrikanten Oehler von 1891 als malerischen Kontrast. Nachdem die schwedische Firma Esselte den Industriekomplex an einen Finanzinvestor weiterverkauft hat, steht das ganze Leitz-Areal zur Disposition. Einer der wichtigsten Traditionsbetriebe Feuerbachs wird verschwinden (oben: Altbau Leitz mit Oehler'schen Villa, unten: der Neubau).

In der Dieselstraße haben sich noch Jugendstil-Häuser erhalten.

Das Industrieviertel

Die Feuerbacher Industriebahn tut noch immer ihren Dienst, hier vor der Firma Akzo-Nobel.

An der Siemensstraße haben sich mehrere Hotelketten angesiedelt.

Unten und rechts: MKI-Areal

Auf dem Gelände des ehemaligen Klimaanlagen-Herstellers Rudolf Otto Meyer entstand das Zentrum für Medien, Kunst und innovative Dienstleistungen (MKI-Areal) im Gebiet Dieselstraße 28–32, Hohnerstraße 23–25 und Junghansstraße. Auffallend ist die Gestaltung des Areals mit eigenartigen Plastiken.

Feuerbach heute

In die Krailenshalde zog schon 1963 der Technische Überwachungsverein (TÜV), 1965 wurde die neue Kraftfahrzeugzulassungsstelle eröffnet.

Durch die Heilbronner Straße rollt pausenlos der Verkehr, ein Wohnen ist hier nicht mehr zumutbar.

Dieses Fragment eines Brückenbauwerks erinnert an die 1974 geplante Krailenshaldentrasse der B 10. Naturschützer konnten erfolgreich die Durchquerung der Weinberge verhindern.

Auf dem Gelände der Firma Kiefer an der Heilbronner Straße wurde zeitweise ein Sportcenter eingerichtet. Nun ist eine ganz neue Nutzung für einen großen Baumarkt geplant.

Das Industrieviertel

Eines der auffälligsten Gebäude an der Automeile ist der 126 m lange Glasbau des Mercedes-Forums. Dort, wo heute Luxuskarossen verkauft werden, lag bis im 19. Jahrhundert ein Stausee in den Seewiesen. Die große Verkaufshalle wird gelegentlich ausgeräumt und als Konzertsaal genutzt.

Mercedes-Forum

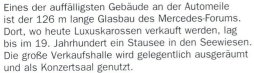

Die Firma Behr im Wandel der Zeiten – oben 1925 und links unten 2010. Der Traditionsbetrieb, Spezialist für Fahrzeugkühler, hat 2010 seinen Produktionsstandort in Feuerbach aufgegeben.

Peugeot-Niederlassung Heilbronner Straße

Feuerbach heute

Gelände von Glasdach-Zimmermann um 1955

Entlang der B 27 wurden im vergangenen Jahrzehnt die letzten Wohngebäude und Firmen (z. B. Glasdach-Zimmermann) abgerissen und es entstanden neue, architektonisch auffallende Bauten von Groß- und Einzelhändlern und Dienstleistungsunternehmen: Besonders auffallend sind die Glasfronten des Media-Markts und des Selgros-Großhandels.

Media-Markt-Gebäude

Ehemalige Zimmermann-Villa, Siemensstraße 180

Selgros-Markt mit der Discothek Penthouse

Das „Oasis", ein großes Bürogebäude, und das Hochhaus „Nordtor Plaza" an der Einmündung der Krailenshalde in die Heilbronner Straße symbolisieren die Veränderung der Feuerbacher Industrie in Richtung Dienstleistungen.

Das Industrieviertel

Blick von der Krailenshalde zum Bosch-Werk

▼ Bosch-Zentrum am Feuerbach

Die Robert Bosch GmbH ist mit 12 000 Beschäftigten noch immer der wichtigste Betrieb in Feuerbach. Das 45 ha große Werksgelände an der Wernerstraße ist Zentrum und weltweites Leitwerk für die Dieseltechnik. Allerdings ist heute nur noch ein Drittel der Beschäftigten in der Produktion tätig.
2001 wurde in der Borsigstraße das neue „Bosch-Zentrum am Feuerbach" eröffnet. Der von den Architekten Schwarz geplante Komplex ist Sitz der Tochter Etas, die für die Entwicklung elektronischer Steuergeräte Produkte und Service anbietet. Mit im Gelände ist die zentrale Ausbildungsabteilung mit einer Lehrwerkstatt für über 630 junge Leute.

Feuerbach heute

Die Firma Werner & Pfleiderer wurde 1880 in Cannstatt gegründet und zog 1911 nach Feuerbach um. Das Unternehmen in der unweit von Zuffenhausen gelegenen Wernerstraße war nach Bosch der größte Arbeitgeber von Feuerbach. Der langjährige Marktführer für Knetmaschinen und Backöfen stellte auch Spritz- und Lackieranlagen her. Heute hat die Firma Coperion den Betrieb übernommen.

Hauptverwaltung der ehemaligen Firma Werner & Pfleiderer von 1938

Hauptpforte Coperion

Blick vom Güterbahnhof zum Industriegelände – am ehemaligen Güterbahnhof sind inzwischen große Flächen frei geworden.

Die Feuerbacher Traditionsfirma Lechler wurde 1961 in „Lesonal" umbenannt, seit 1968 gehört sie zum Akzo-Nobel-Konzern.

Die Wohnsiedlung Bertastraße hinter dem Boschwerk

Jugend, Sport und Freizeit

Im Tanzsportzentrum

Feuerbach heute

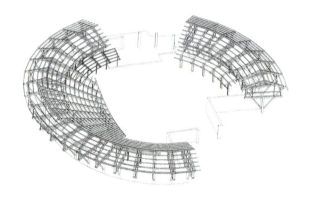

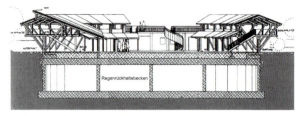

Entwurf CAMP – Büro Hübner

Die Holzkonstruktion kragt bis zu drei Meter über die Mauer hinaus.

CAMP-Jugendhaus „Haus auf der Mauer"

Verwaltungsbau – das Jugendhaus wird von der Stuttgarter Jugendhaus-Gesellschaft geführt.

Das CAMP-Jugendhaus wurde bis 1994 am Rande des Wilhelm-Braun-Sportparks errichtet. Auf die runde Betonmauer eines Regenrückhaltebeckens mit 40 m Durchmesser setzte der Architekt Prof. Peter Hübner diesen ungewöhnlichen Bau. Hübner sieht Bauen als sozialen Prozess und bezieht deshalb die Nutzer bei der Planung mit ein. So erarbeitete er mit Feuerbacher Jugendlichen deren Idee eines „Wasserschneckenschlosses": *„Die Menschen identifizieren sich mit den Bauten, an deren Gestaltung sie mitbeteiligt waren."* Hübners typische Holzkonstruktionen lassen jede Raumform zu und sind ökologisch und billig zugleich. Das kreisrunde hölzerne Gebäude dient im Sommer auch als günstige Übernachtungsstätte für 130 bis 180 Jugendliche in Gruppen.

Jugend, Sport und Freizeit

Jugendhaus CAMP – der Gebäudering gibt Raum für einen Innenhof für Begegnung, Spiel und Feste.

Die Jugendhausleiterin Sabine Dieterle

Aktivspielplatz Feuerbach

Der Aktivspielplatz am Pfostenwäldle entstand Anfang der 70er-Jahre auf Betreiben einer Elterninitiative und wird heute vom Verein „Mobile Jugendarbeit" betreut.

Einladung des Kinderhauses in der Feuerbacher Mühlstraße 2a, das ebenfalls von der „Jugendhaus-Gesellschaft Stuttgart" betrieben wird.

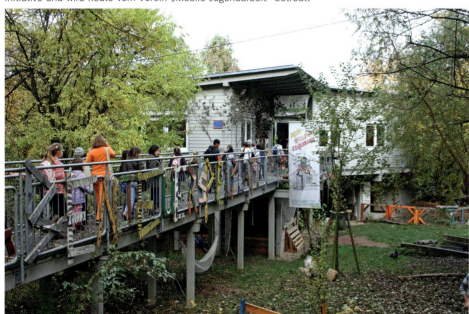

219

Feuerbach heute

Das Hauptgebäude in der Magirusstraße

Bhz-Werkhaus

Diese diakonische Einrichtung der evangelischen Kirche in der Magirusstraße wurde 2003 eröffnet. Das moderne Werkhaus des Behindertenzentrums (Bhz) ist mit viel Glas inmitten von Grün und ohne Zäune gestaltet. Tische im Freien laden zum gemeinsamen Gespräch ein – Offenheit und Transparenz ist Programm. In dieser Anlage können Menschen mit Behinderung ihren Platz in der Gesellschaft und in der Normalität finden.
In der Kreativwerkstatt soll den Mitarbeitern durch Handarbeit, durch „Begreifen" eine individuelle Qualifizierung ermöglicht werden. *„Wir sind ein Ort der Arbeit, Ort der Sozialkontakte und Ort der Förderung, Bildung und Qualifizierung"* – heißt es in der Werkstatt-Konzeption.
In Feuerbach bietet das Behindertenzentrum eine Reihe von Dienstleistungen an: das „CUBE" – ein öffentliches Bistro mit Mittagstisch und Catering, die Abteilungen Verpackung und Industriemontage, Hauswirtschaft, Garten- und Landschaftspflege. Das Zentrum betreibt mit seinen Mitarbeitern auch den unweit gelegenen Feuerbacher Tafelladen in der Hohnerstraße. Außengruppen arbeiten in der Produktion verschiedener örtlicher Unternehmen wie Bosch, Mercedes-Benz-Bank, Hahn & Kolb und in der Gärtnerei Staehle in Zuffenhausen.

Links und unten:
zwei Mitarbeiter in der Kreativwerkstatt

Jugend, Sport und Freizeit

Das Jugenddorf-Stammgebäude in der Wiener Straße 260

CJD – Christliches Jugenddorf Feuerbach

Die Holzfachausbildung befindet sich in der Burgenlandstraße.

Das CJD Feuerbach wurde 1959 als Lehrlingswohnheim für 70 Bewohner in der Wiener Straße gegründet. Seit 1972 betreibt das CJD berufsvorbereitende und berufsbegleitende Maßnahmen mit jungen Menschen.

Zwei ungewöhnliche Entwicklungen sind mit dem Namen der Feuerbacher Einrichtungen verbunden: 1968 konnte der junge Dirigent Frieder Bernius die Jugendlichen für den Gesang begeistern und gründete mit ihnen den Kammerchor Stuttgart, mit dem er erfolgreich Konzertreisen und Schallplatten machte.

1972 wurde eine erste CJD-Volleyballmannschaft gegründet. In der Folge stieg die Frauenmannschaft des CJD Feuerbach 1980 in die Bundesliga auf, wurde viermal Pokalsieger und 1989, 1990 und 1991 dreimal hintereinander Deutscher Meister.

Inzwischen verfügt das CJD Feuerbach über fünf Ausbildungs- und Wohnstätten in Feuerbach und Ludwigsburg. Zurzeit werden rund 250 Jugendliche mit Lernbehinderungen oder migrationsbedingten Schwierigkeiten gefördert. Das Motto der Einrichtung lautet: *„Keiner darf verloren gehen."* In den Einrichtungen können inzwischen sieben Berufe erlernt werden. Im Januar 2010 wurde im Stammhaus in der Wiener Straße das Ausbildungsrestaurant „Stäffele" eingerichtet, das auch der Feuerbacher Bevölkerung offen steht.

Im Ausbildungsrestaurant „Stäffele"

Feuerbach heute

Sportvereinigung Feuerbach

Die durch Zusammenschluss aller Sportvereine 1945 entstandene Sportvereinigung Feuerbach war damals einer der größten und erfolgreichsten Sportvereine des Landes. Stellvertretend sollen einige der hervorragenden Sportler genannt werden, die dieser Verein seither hervorgebracht hat.

Als die Sportvereinigung Feuerbach 1983 ihr 100-jähriges Jubiläum feierte, war sie mit 6564 Mitgliedern der größte Verein Stuttgarts.

Stadtlaufmannschaft der Sportvereinigung von 1949. Von den zehn Stuttgarter Stadtläufen nach dem Krieg hat Feuerbach allein sieben gewonnen.

Heinz Laufer wurde in den 50er-Jahren achtmal Deutscher Meister im Hindernislauf über 1500, 3000 und 5000 Meter.

Der Ringer Roland Bock wurde nach seiner Deutschen Meisterschaft 1969 im darauffolgenden Jahr Europameister im Super-Schwergewicht.

Benno Schmid mit der Staffel, die 1965 auf dem Killesberg die deutsche Hallenmeisterschaft gewann.

Die erfolgreichen Radfahrer Karl Link, Manfred Claus und Klaus Günther bei der Ehrenrunde. Link war Deutscher Meister und Olympiasieger im Bahnradfahren in Tokio 1964.

Jugend, Sport und Freizeit

Wilhelm-Braun-Sportpark

Im Föhrich kaufte die Stadt bis 1971 Grund für ein großes Sportgelände mit 10 Plätzen auf. Die Sportvereinigung Feuerbach konnte dort 1967 das Freizeitheim als Vereinsheim übernehmen. Das Föhrich-Sportgelände wurde 1981 in „Wilhelm-Braun-Sportpark" umbenannt. Im Zeichen der Fitness-Welle hat das 1995 eröffnete Fitness- und Gesundheitszentrum „Vitadrom" in der Feuerbacher Bevölkerung besonderen Anklang gefunden.

Das Vitadrom im Triebweg

In den letzten Jahrzehnten hat die Sportvereinigung Feuerbach sich im Sinne ihrer Mitglieder immer mehr für die Förderung des Familien- und Breitensports entschieden. Dafür stehen in den 17 Abteilungen des Vereins in 30 Sportarten eine Fülle von Möglichkeiten offen. Der „Wilhelm-Braun-Sportpark" bietet hierfür neben einem Leichtathletikstadion unterschiedliche Spielfelder und die 1978 gebaute Hugo-Kunzi-Sporthalle.

Hugo-Kunzi-Sporthalle

Das Kegelzentrum der Kegelsportvereinigung Stuttgart-Nord beim Sportpark wurde 1971 eingeweiht.

Feuerbach heute

Das Feuerbacher Hallenbad

Die Schwimmhalle mit zwei Becken

Die großen Glasfenster des Feuerbacher Hallenbades wurden von dem bekannten Künstler H.A.P. Grieshaber gestaltet.

Tanzsportzentrum – Tanzhaus

Beim Sportpark im Föhrich haben die Stuttgarter Tanzsportvereine ihr Zentrum.

Blick von der Leitz-Schule zu dem gleichzeitig von Architekt Lehmbruck errichteten Schwimmbad

Wo sich in der Leitzstraße zehn Jahre lang Stuttgarts größte Asylbewerberunterkunft befand, hat heute das private „Tanzhaus" seinen Sitz.

Jugend, Sport und Freizeit

Musikverein Stadtorchester Feuerbach 1899

Aus dem Vereinsleben

Konzert der Chorvereinigung Feuerbach in der Festhalle – 2008

Das Vereinsleben spielt in Feuerbach immer noch eine große Rolle. Es sind vor allem die Vereine, die die örtlichen Traditionen am Leben erhalten und weitertragen.

Jugendorchester des Musikvereins

Veranstaltung des Bürgervereins im Bürgerhaus

Der „Talkrabbenweg", ein Wanderweg rund um Feuerbach, wird vom Bürgerverein betreut.

Projektchor „musica varia"

Feuerbach heute

Der Wein-, Obst- und Gartenbauverein in Tracht vor der Kelter – 1989

Die Narrenzunft Feuerbach mit den Gruppen „Schaffle", „Waschweiber", der Einzelfigur „Bock", den „Wolfskehlen" und der Kindergruppe – 2009

2010 gab es in und vor der Festhalle wieder eine Leistungsschau des einheimischen Handwerks und des Dienstleistungsgewerbes.

Verein der Hundefreunde Feuerbach

Unten: der Akkordeonverein am Festplatz im Feuerbacher Tal

Die Grillmeister

Neue Nachbarn

Griechisch-orthodoxe Kirche St. Peter und Paul

Feuerbach heute

Ezio Bortolomedi, Jahrgang 1933, gehörte zu den ersten italienischen Gastarbeitern, die nach dem Krieg nach Feuerbach kamen. Jahrzehntelang arbeitete er als Schreiner beim Friedhofsamt der Stadt Stuttgart. Mit seiner deutschen Frau lebt er in seinem Häuschen mitten im alten Feuerbach. Bortolomedi arbeitet auch im Ruhestand noch gerne in seiner kleinen Werkstatt.

Italienisches Ecklokal mit Kartenspielern

Schon Stadtpfarrer Richard Kallee bemerkte in seiner Beschreibung zu seinen alamannischen Ausgrabungen: *„Die Rasse ist nicht einheitlich; schon damals hat unser Volk fremde Bestandteile in Menge in sich aufgenommen."* Diese Entwicklung ging über die Jahrhunderte stetig so weiter. So waren z. B. zum Eisenbahntunnelbau um 1909 schon über 200 Italiener und Kroaten nach Feuerbach gekommen. Nach dem Zweiten Weltkrieg kamen viele Heimatvertriebene aus dem Osten und Südosten. Die Gastarbeiter stammten zuerst noch aus dem Bayrischen Wald, dann aus Italien, Spanien, Griechenland und zuletzt aus der Türkei. Viele dieser Menschen haben sich mit der Zeit integriert und sie wurden Feuerbacher Bürger. Heute haben über 40 Prozent der Feuerbacher Einwohner einen ausländischen Hintergrund. Viele von ihnen leben schon Jahrzehnte hier und werden kaum mehr als Fremde wahrgenommen. Etliche ausländische Kulturvereine haben in Feuerbach ihren Sitz. Die vielen von Migranten geführten Lokale geben dem Zentrum seine bunten Tupfer.

Der Italiener Giacomino Da Re, Jahrgang 1943, kam als junger Bursche zur Arbeit bei der Firma Behr nach Feuerbach. 1999 wurde er in den Stuttgarter Gemeinderat gewählt. Da Res Liebe gehörte immer der Literatur und der bildenden Kunst. Stolz präsentiert er hier ein Werk des Feuerbacher Malers Richard Albrecht.

Die Flamencoschule MM hat ihren Sitz in den ehemaligen Fabrikräumen der Firma Schoch.

Neue Nachbarn

Oben und rechts oben: An der Weilimdorfer Straße entstand ein griechisches Zentrum um die griechisch-orthodoxe Kirche St. Peter und Paul.

Der Besitzer des Restaurants Sardegna an der Siemensstraße ließ extra einen Künstler aus der Heimat einfliegen, der die Front seines Lokals mit einer typischen sardischen Fassadenmalerei gestaltete.

Taufritus in der griechischen Kirche

Feuerbach heute

Türkisches Zentrum in der Mauserstraße

Betende am Mihrab, der Gebetsnische, lauschen dem Imam.

Innenhof der Moschee

Die Türkisch-Islamische Union kaufte 1993 das Fabrikgelände der ehemaligen Firma Roth, um dort ein türkisches Gemeindezentrum mit Moschee einzurichten. Der größte Teil des Geländes ist heute vermietet, um die Aufwendungen für den Kauf zu finanzieren. Es sind türkische Kaufhäuser, Gaststätten, Reisebüros und Einzelhandelsgeschäfte, die sich im Umkreis der Moschee angesiedelt haben. Neben zwei Gebetsräumen gibt es auf dem Areal noch eine Bibliothek, einen Konferenzraum, einen Jugendraum, eine Cafeteria und drei Schulungsräume. Zum Freitagsgebet kommen etwa 2000 Muslime, an Feiertagen wurden schon bis zu 6000 gezählt.

Türkische Kaufhäuser

Freitagsgebet in der gut besuchten Moschee

Neue Nachbarn

Oben: Schüler der Unterstufe

Die Kleinen beginnen schon mit drei Jahren in einem Vorschul-Kindergarten.

Fernöstliches

Vietnamesisches Lokal an der Burghaldenstaffel

Unten: Schülerinnen der Oberstufe

Eine ungewöhnliche Einrichtung in Feuerbach sind die zwei von privaten Vereinen getragenen chinesischen Schulen. In ihnen lernen über 300 Kinder von 3 bis 18 Jahren am Samstagmorgen die Sprache, Schrift und Kultur ihrer Heimat. Die Festland-Chinesen haben ihre Räume im Leibniz-Gymnasium, während die Taiwanesen sich im benachbarten Neuen Gymnasium einfinden. Mit der Abschlussprüfung in der Tasche können die Absolventen der Schule in China ein Studium beginnen.

Feuerbach heute

In der städtischen Kindertagesstätte in der Stuttgarter Straße sind rund 60 Prozent der Kinder Nachkommen von Migranten. Sie kommen aus über 25 Nationen und begrüßen die Besucher an der Tür mit ihren Nationalfarben und in ihrer Landessprache.

Feuerbach lebt –
Veranstaltungen und Kultur

Quartett Manon & Co.

Feuerbach heute

Das Roser'sche Verwaltungsgebäude von Bonatz dient heute als Kultur- und Bürgerhaus.

Freies Musikzentrum (FMZ) – Bürgerhaus

Der Klavierstar Till Fellner konzertiert mit Beethovens Sonaten in Tokio, New York, London und Feuerbach.

Der Hausherr Andreas Winter

Das FMZ hat seinen Sitz im ehemaligen „Wohlfahrtsbau", den der Architekt Paul Bonatz 1922 für die Firma Roser errichtet hat. Im Erdgeschoss befindet sich ein Konzert- und Theatersaal für 240 Besucher, in dem international bekannte Solisten und Ensembles auftreten. Im zweiten Obergeschoss und im Untergeschoss werden die Schüler an allen gängigen Instrumenten, im Gesang und in Musiktheorie unterrichtet. Im ersten Stock hat sich das Bürgerhaus für alle Feuerbacher Vereine eingemietet.

Auch der Jazz hat hier seinen Platz.

Feuerbach lebt – Veranstaltungen und Kultur

Stadtbücherei Feuerbach

Die im Burgenlandzentrum untergebrachte Feuerbacher Zweigstelle der Stadtbücherei Stuttgart ist mit ihren Veranstaltungen und anspruchsvollen Ausstellungen schon seit Jahrzehnten ein wichtiger Bestandteil des Feuerbacher Kulturlebens u. a. auch bei der Feuerbacher Kulturnacht.

Leseohrengruppe mit Vorlesepatin

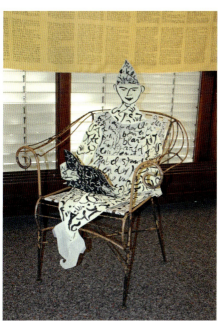

Ausstellungen
Oben: Modeklasse der Kerschensteinerschule
Unten: Skulptur der Künstlerin Veronika Nadj

Feuerbach heute

Links oben: Rheinstahlhalle – um 1930
Links unten: Theaterhaus nach Umbau
Oben: Umbau der Rheinstahlhalle – 2001

Das 1985 in Stuttgart-Wangen gegründete alternative Kulturzentrum zog 2003 in die umgebaute Rheinstahlhalle in der Siemensstraße. Der neue Typus eines Veranstaltungszentrums bietet eine Mischung aus Kunst, Sport und Sozialmanagement. So sind auf 12 000 qm drei unterschiedliche Theatersäle, eine Studiobühne, eine Sporthalle, Proberäume und ein zweistöckiges Foyer mit Restaurant und Biergarten untergebracht.

Theaterhauseingang

Denkmal für den unbekannten Deserteur

Feuerbach lebt – Veranstaltungen und Kultur

Theaterhaus in der Dämmerung

Eric Gauthiers Dance Company

Ein breites Angebot von Veranstaltungen

Gesprächskreise und Diskussionen

Das große Foyer

Das Programm reicht von Alter Musik bis zur Gegenwartsmusik des im Hause untergebrachten Veranstalters „Musik der Jahrhunderte", von Jazz und Rock über Tanztheater, Schauspiel, Kabarett, Musical, politische Diskussionen bis zu Zauberkunst und Revue. Besonders erfolgreich sind eigene Produktionen mit dem seit 1990 bestehenden Schauspielensemble des Hauses und die Ballettabende der „Eric Gauthier Dance Company".

Feuerbach heute

Manon & Co. auf Krugs Freilichtbühne – das muntere Damenquartett bietet alles von Salonmusik bis Rock'n'Roll.

Jürgen Krug und Karin Turba als „Bacchantenpaar", frei nach Lovis Corinth

Krugs Kulturbesen am Lemberg

Jürgen Krugs Besenwirtschaft spricht Kopf und Bauch gleichermaßen an, denn er verbindet dort schon seit über 30 Jahren Kleinkunst und kulinarische Genüsse. Während er für Wein und Unterhaltung zuständig ist, sorgt seine Partnerin Karin Turba für das leibliche Wohl der Gäste. Im Sommer findet das Spektakel unter freiem Himmel in der Weinlaube seiner „Trollinger-Arena" in Krugs Weinberg am Lemberg statt. Bekannte und unbekannte Namen kann man hier antreffen – so sei etwa der Kabarettist Matthias Richling zum ersten Mal bei Krug aufgetreten.

Der Schauspieler Gerald Friese rezitiert kurzweilige Verse in der Weinlaube.

Feuerbach lebt – Veranstaltungen und Kultur

Podium Z53

Julius Pischl wurde bekannt als „Buch-Julius".

„Duo con animo" der Musikschule

Konzertreihe „con fuoco" im Rathaus

Die Städtische Jugendmusikschule in Feuerbach hat ihren Sitz im Burgenlandzentrum. Sie stellt seit Herbst 2009 in einer Konzertreihe im Ratssaal des Feuerbacher Rathauses ihre Orchester und Solisten vor. Der Titel der Reihe „con fuoco" (mit Feuer) ist ein Wortspiel mit Feuerbach.

Konzert mit der irischen Band „Bachelors walk"

Das Podium Z53 im „Wirtshaus im Tal" ist eine neue Veranstaltungsreihe im Saal der Gaststätte der Sportvereinigung im Feuerbacher Tal. Die Betreiber, Julius Pischl und Pitt Haug, vielen schon aus der Stuttgarter Kulturszene bekannt, bieten seit Mai 2009 nach dem Motto „Für älle von ällem ebbes" ein breites Spektrum von Veranstaltungen von Folklore über Kabarett und Jazz bis Zauberkunst. Den Namen haben sie noch von ihrem vorigen Domizil mitgebracht, der Bühne des Kleintierzüchtervereins Gerlingen – das Kürzel Z53 war die Registriernummer des Vereins für ihre Zucht-Wettbewerbe.

Das Eröffnungskonzert im Rathaus

Feuerbach heute

Kelterfest

Der Vereinsvorsitzende Helmut Wirth und die Bezirksvorsteherin Andrea Klöber eröffnen das Fest.

Der Trollinger vom Lemberg mundet.

Spötter behaupten, die Feuerbacher hätten ihren Ortsnamen vom Feiern, weil sie so gerne und ausgiebig Feste feiern würden. Seit 1974 veranstaltet der Wein-, Obst- und Gartenbauverein Feuerbach (WOGV) immer im August in und um die Alte Kelter das beliebte dreitägige Kelterfest.

An der Theke herrscht Hochbetrieb.

Feuerbach lebt – Veranstaltungen und Kultur

Feuerbacher Weinwanderung

Auf dem Kelterplatz

An einem Sonntag im August laden Feuerbacher Weingärtnerfamilien zu einer etwa 4 km langen Rundwanderung um den Lemberg. An sechs Stationen können die Wanderer die verschiedenen Weine direkt im Anbaugelände verkosten. Dazu gibt es kleine Vesperangebote. Kein Wunder, dass sich hierzu Tausende von Besuchern einfinden.

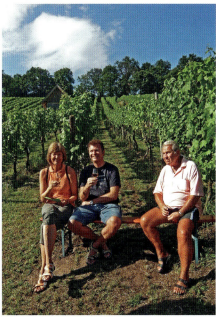

Bei der Weinprobe im Weinberg

Zünftige Gäste

Jedes Jahr gibt es ein neues Motto in der Feuerbacher „Weinhalla" – es ziert jeweils die Speisekarte, die man zur Erinnerung auch mit nach Hause nehmen darf. Auch die Kelter ist seit 1978 mit zwölf großen Wandbildern dekoriert, auf denen die Feuerbacher Künstler Richard Albrecht und Horst Bulling Szenen aus der Feuerbacher Geschichte festgehalten haben.
Zu selbst erzeugtem Feuerbacher Wein kann man Göckele, Zwiebelkuchen, Brezeln und anderes Nahrhaftes verzehren. Dazu spielt auf der Kelterbühne der Musikverein Feuerbach. Haupttag ist der Samstag, an dem man die eingesessenen Feuerbächer fast vollzählig antreffen kann. Der Sonntag wird mit einem ökumenischen Gottesdienst eingeläutet.

Feuerbach heute

Am „Kirbemeedich" ist das Festzelt bis zum letzten Platz gefüllt.

Feuerbacher Kirbe

Das Café Wunderbar im Salonwagen des Circus Hagenbeck

Der Musikverein Feuerbach spielt auf.

Der Bundespolitiker Franz Müntefering beim traditionellen Fassanstich – 2009

Die Kirbe, das örtliche Kirchweihfest, findet traditionell Anfang September unter der Regie des Musikvereins Feuerbach statt. Seit 1964 wird für das viertägige Fest auf dem Eycheplatz vor der Stadthalle ein großes Zelt aufgebaut. Der Haupttag für die Feuerbächer ist der Montag, der „Kirbemeedich", an dem mittags mit einem prominenten Politiker und den örtlichen Honorationen im großen Bierzelt der Fassanstich stattfindet.

Feuerbach lebt – Veranstaltungen und Kultur

Auf dem Festplatz vor der Festhalle gibt es einen großen Vergnügungspark und in den angrenzenden Straßen findet von Samstag bis Montag ein Krämermarkt statt. Am Freitag trifft sich die Jugend zu modernen Rhythmen im Zelt und am Sonntag veranstaltet der Gewerbe- und Handelsverein einen verkaufsoffenen Sonntag.

Oben und links: Mit dem Jugendkonzert „Rock the tent" werden die Kirbetage eröffnet.

Unten: Krämermarkt und Vergnügungspark

243

Feuerbach heute

Oben und rechts: Herbstansingen im Abendlicht

Weinlese

In den Weinbergen

Der 87-jährige
Karl Müller

Das Herbstansingen ist eine traditionelle Abendveranstaltung der Weingärtner zu Beginn der Weinlese Anfang Oktober. An der Weggabelung „Am Horn" trifft man sich mit dem Posaunenchor zum Singen auf dem Lemberg, der Vorsitzende des Wein-, Obst- und Gartenbau-Vereins und der Pfarrer halten eine launige Ansprache und der Heimatdichter Karl Müller hat immer ein neues Gedicht parat. Zum Abschluss werden Wein und Traubenmost gereicht.

Feuerbach lebt – Veranstaltungen und Kultur

Bei der Ernte am Lemberg

Ein Bottich mit Trollingertrauben

Erfreulicherweise finden sich neben den alteingesessenen Familien auch immer wieder junge Leute, die die Weinbautradition weitertragen. Dabei wird immer mehr durch sorgfältige Lese und Behandlung der Trauben auf die Steigerung der Qualität des Weins Wert gelegt. In der Erntezeit herrscht in der Kelter Hochbetrieb. Laufend werden die geernteten Trauben zum Raspeln angefahren. Bei den roten Sorten bleibt die Maische noch in den Bottichen stehen, bis sie Farbe angenommen hat; erst dann wird der kostbare Saft abgepresst.

Abends werden die Trauben in der Feuerbacher Kelter angeliefert.

Herbst im Weinberg

Herbstliches Stillleben

Feuerbach heute

St.-Martins-Umzug

Der vom Bürgerverein veranstaltete Laternenumzug der Kinder wird angeführt von der Figur des römischen Reitersoldaten St. Martin.

Der 93-jährige Richard Schätzle verteilt an die Kinder „Martinsmännle".

Weihnachtsliedersingen der Kinder vor der evangelischen Stadtkirche

Weihnachtskonzert in der Stadtkirche mit der Mauritiuskantorei unter der Leitung von Christine Marx

Feuerbach lebt – Veranstaltungen und Kultur

Der Stand der Sportvereinigung Feuerbach

Feuerbacher Weihnacht

Markt in der Klagenfurter Straße

Der Weihnachtsmarkt rund um die Kelter ist eine Veranstaltung des Gewerbe- und Handelsvereins. Hier präsentieren sich vor allem die Vereine, Schulen und Bürgerinitiativen mit ihren Ständen.

Weihnachtsbläser

Jeder kommt auf seine Kosten.

St. Nikolaus fährt Porsche.

247

Feuerbach heute

Der „Schaffle" geht auf eine lokale historische Figur aus dem 19. Jahrhundert zurück.

Wenn man bedenkt, dass die schwäbisch-alemannische Fasnet im evangelischen Württemberg lange verpönt war, ist es nicht verwunderlich, dass die erste Narrenzunft in Feuerbach erst 1992 auf die Beine kam. Umso aktiver zeigt sie sich heute und treibt mit ihren originellen Fasnetsgestalten den Ort um.

Die „First Guggen-Band" sorgt stets für die nötige Stimmung.

Die Einzelfigur des „Gaisbocks" führt die Gruppe der „Wolfskehlen" an.

Feuerbacher Fasnet

Die Narren stürmen das Rathaus.

Feuerbach lebt – Veranstaltungen und Kultur

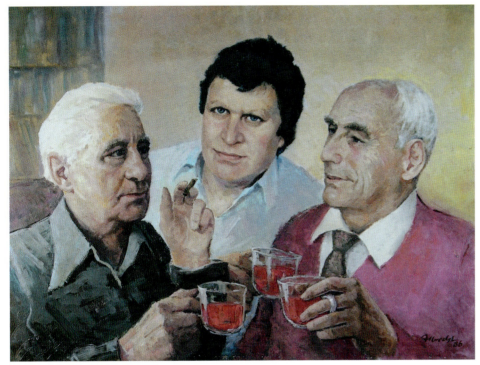

Das Dreigestirn: Prof. Hugo Peters, Horst Bulling und Richard Albrecht – gemalt von Richard Albrecht.

Vernissage im Burgenlandzentrum

Kunstverein Feuerbach

Der Kunstverein wurde 1981 als „Kunstkreis Feuerbach" vom „Dreigestirn" Hugo Peters, Richard Albrecht und Horst Bulling gegründet. 1982 fand die erste Gemeinschaftsausstellung im Rathaus statt, die zweite Ausstellung im gleichen Jahr konnte schon in den neuen Kunstkreis-Räumen des Burgenlandzentrums gezeigt werden.

Die Künstlerin Marlis Weber-Raudenbusch war bis 2008 Vorsitzende des Kunstvereins.

In den Ausstellungsräumen

Feuerbach heute

Der Feuerbacher Keramikkünstler Bernhard Fricker (1960–2009) wohnte und arbeitete in seinem Gartenhaus in der Tannenäckerstraße. Seine besondere Spezialität waren keramische Reliefbilder und seine ungewöhnlichen Gebäudevasen (siehe unten und oben Mitte).

Kunstwerkstätten

Rechts oben und unten: Gerhard Kuhlmann und Silvia Weger führen mit der „Kunstwerkstatt Feuerbach" in der Hohewartstraße ein offenes Haus für alle, die sich künstlerisch betätigen wollen.

Feuerbach lebt – Veranstaltungen und Kultur

Links und oben: Im Keramikatelier von Ute Jonas in der Wiener Straße

Links und unten: Glasperlenwerkstatt „Cosmic Candy" von Carla di Francesco in der Burgenlandstraße

Feuerbach heute

Innovation aus dem Hinterhof

Die am Tretlager sitzende Schaltung ist leicht zu bedienen und sehr robust.

Ein Schlüssel zum Erfolg der Feuerbacher Industrie war immer, dass sie durch technische Neuentwicklungen stets auf der Höhe der Zeit blieb. Abgesehen vom Weltunternehmen Bosch konnte in der letzten Zeit kaum ein Unternehmen an diese Erfolge anknüpfen. Umso größer war die Aufmerksamkeit der Öffentlichkeit, als die Presse in ganz Deutschland von einer technischen Sensation aus Feuerbach berichten konnte: Die zwei jungen Ingenieure Christoph Lermen und Michael Schmitz, die in der Wiener Straße 71a ihr Konstruktionsbüro betreiben, haben eine völlig neuartige Gangschaltung für Fahrräder entwickelt. Die „Pinion P 1", so der Name, sitzt ganz kompakt direkt am Tretlager, hat keine Ketten mehr und ihre 18 Gänge haben ein Übersetzungsverhältnis, das alle anderen Fahrradschaltungen übertrifft. Die Schaltung ist wartungsfrei und kann auch im Stand geschaltet werden. Allerdings erfordert sie eine neue Rahmenkonstruktion, sie kann also nicht nachträglich eingebaut werden. Eine harte Belastungsprobe bei einer Himalaya-Überquerung meisterte das neue Getriebe ohne Schwierigkeiten.

Bis Ende 2011 soll die bahnbrechende Konstruktion in Serie gehen. Damit könnte die bisherige Dominanz Japans bei den Fahrradschaltungen zu Ende gehen und die Zweiradtechnik grundlegend verändert werden.

Das bescheidene Konstruktionsbüro im Hinterhof der Wiener Straße

Christoph Lemen und Michael Schmitz

Zukunfts(t)räume

Blick vom Burgholzhof auf das Industriegebiet von Feuerbach

Zukunfts(t)räume

Veränderungen

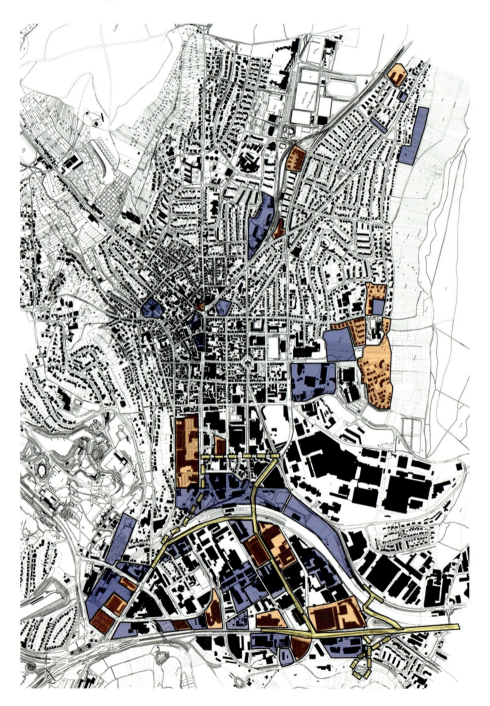

„In Feuerbach herrscht Anarchie, d.h., das Quartier befindet sich im Strukturwandel. Die ehemaligen Industriebetriebe werden ausgelagert, die schmalen Wohnhäuser aus Backstein mit den steilen Giebeln werden gnadenlos umzingelt von Sonnenstudios, neuen Büros in ungenutzten Fabrikgebäuden und gigantischen Lebensmittelmärkten, dazwischen Lagerschuppen und eine neobarocke Kirche von 1993 mit kitschiger Ausmalung."

Aus: Bauwelt 5/1994

Feuerbach hatte 1975 noch 44 000 Arbeitsplätze, heute sind es nur noch etwa 34 000. Auch die Einwohnerzahl ist mittlerweile auf 28 000 gesunken. Der Wegzug von etlichen großen Firmen gab – und gibt noch – die Gelegenheit, Feuerbach besser zu strukturieren und vergangene Planungssünden zu korrigieren. Ein erfolgreicher Anfang wurde längst gemacht. In den nächsten Jahren steht eine Reihe von Großprojekten an, die das Gesicht Feuerbachs weiter verändern werden. Die Schwerpunkte liegen westlich und östlich des Bahnhofs sowie im Industriegebiet Feuerbach-Ost, wo sich etliche Industriebrachen zum Wechsel anbieten. Die Ortsmitte soll durch Ausbau der urbanen Funktionen und des innerstädtischen Wohnens erweitert werden. Die Gewerbeflächen können ebenfalls aufgewertet und neu geordnet werden. Dazu kommen strukturelle Änderungen durch Straßenverlegungen und Platzgestaltungen. Die Feuerbach umgebenden Grünflächen müssen in jedem Falle als lebenswichtige Naturräume bewahrt werden.

Auf diesem Stadtteilplan kann man auf den rosa Flächen die neu bebauten Gebiete des letzten Jahrzehnts erkennen. Die lila markierten Flächen sind Areale, die in der Zukunft frei werden (Plan: Schwarz Architekten).

Zukunfts(t)räume

„Feuerbacher Balkon" – Bebauung Feuerbacher Krankenhaus

Die Fläche des abgerissenen Krankenhauses mit der Stiftertafel

Plan und Modellbilder: Siedlungswerk Stuttgart

Das 1893 begründete Krankenhaus im Areal zwischen der Stuttgarter und Wiener Straße wurde 2009 abgerissen. Das 3,8 ha große Gelände wird vom Siedlungswerk Stuttgart als Investor neu bebaut und unter dem Begriff „Feuerbacher Balkon" mit einem Volumen von 160 Wohnungen vermarktet. Das Konzept der Tübinger Architekten Hähnig & Gemmeke sieht eine massiv bebaute Mischung aus Mehrgenerationswohnungen und den Bau von sieben Stadthäusern entlang der Wiener Straße vor. Ergänzt wird das Bauvorhaben durch eine Kindertagesstätte, eine Bäckerei mit Tagescafé und kleinere Gewerbeflächen, die an einem zentralen Platz angesiedelt werden sollen. Als einziges Gebäude bleibt als Herzstück das Gebäude 4 (Bettenhaus) des Krankenhauses erhalten, in dem ein Pflegehospital (Gästehaus) des Samariterstifts unterkommen soll, dessen Serviceleistungen auch die anderen Bewohner des Quartiers nutzen können (Architekturbüro ORplan).
Erschlossen wird das Gelände über die einstige Zufahrt des Krankenhauses. Etwa 200 Tiefgaragenplätze stehen den Bewohnern zur Verfügung. Die bisherige Stadtbahnhaltestelle soll durch einen Aufzug barrierefrei erreicht werden können. Baubeginn ist 2010, die Fertigstellung ist bis 2011/12 geplant.

Zukunfts(t)räume

Gesamtansicht Neubebauung Stuttgarter Straße

Sanierung Stuttgarter Straße

Das neue Bank-Hochhaus

Das Areal um das ehemalige Volksbank-Hochhaus wird im Auftrag eines Investors durch die Architekten Schwarz neu bebaut. Mit dem Abriss der alten Gebäude wurde bereits Ende 2009 begonnen. Ein ungefähr gleich hohes Gebäude soll das Hochhaus ersetzen. Allerdings bezieht die Bank nur die beiden Sockelgeschosse, darüber werden hochwertige Wohnungen (mit über 100 qm) mit Balkonen gebaut. Daneben entsteht ein vierstöckiges Reihenhaus mit Flachdach, das im Erdgeschoss Läden und darüber Büros und Wohnungen haben soll. Der Klinkerbau wird durch Farbdifferenzierung kleinteiliger wirken. Unter dem gesamten Areal entsteht eine durchgehende Tiefgarage.

Ansicht der Reihenhäuser

Zukunfts(t)räume

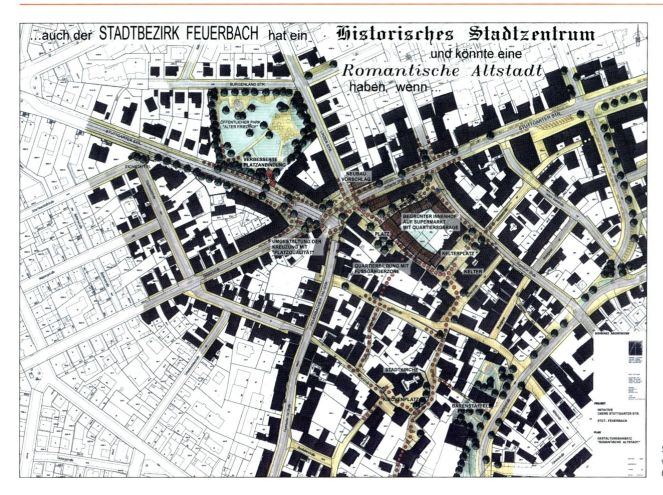

Sanierungs-
vorschlag
Ortsmitte

Alter Friedhof – Entwurf für den Umbau

Sanierung alter Ortskern

Eine Sanierung des „Alten Friedhofs" steht bevor: Geplant ist ein besserer Zugang von der Stuttgarter Straße durch eine neue Freitreppe. Außerdem soll durch die Beseitigung der Randbegrünung der Park besser einsehbar werden, auf der Mauer kann ein neuer Aufenthaltsbereich entstehen. Auch an eine Erweiterung des Spielplatzes ist gedacht. Der geplante Abbau der Toilettenanlagen wurde aber vom Bezirksbeirat als unzumutbar abgelehnt.

Von dem Büro Schwarz Architekten gibt es eine Ideenskizze, die aufzeigt, wie der historische Ortskern Feuerbachs erneuert und als Fußgängerzone aufgewertet werden könnte. Der Bereich Klagenfurter Straße von der Stuttgarter Straße bis zur Kelter und die Obere Stuttgarter Straße – ein historisch wichtiger, aber auch heikler Bereich – sollte mit seinen Baulücken aus dem Krieg dringend neu geordnet werden. Probleme bereiten aber noch die unterschiedlichen Besitzverhältnisse.

257

Zukunfts(t)räume

Die Aufgabe des ehemaligen Schoch-Areals bietet eine städtebauliche Chance, den Feuerbacher Bahnhof endlich an die Ortsmitte anzuschließen. Die Stadt will wegen des großen öffentlichen Interesses von ihrem Vorkaufsrecht Gebrauch gemacht. Das Büro Schwarz schlägt eine großräumige Neugestaltung vor, die die Gesamtfläche neu ordnet und einen Raumabschluss zum Bahnhofsvorplatz vorsieht (siehe Plan unten). Die Burgenlandstraße, die jetzt noch am Tor von Schoch endet, soll bis zum Bahnhofsplatz durchgezogen werden. Neue Plätze und eine Flaniermeile könnten hier als Eingangstor Feuerbachs entstehen. Unweit davon steht auch das Güterbahnhofsgelände zur Neugestaltung an.

Überblick über das Gesamtareal 2010
Großräumige Planung des Gebiets um den Bahnhof: links: Gebiet des ehemaligen Güterbahnhofs – Mitte: Schoch-Areal – rechts: Kühlhaus Krempel

Kühlhaus-Krempel-Areal

Die Architekten Jo und Werner Schwarz

Das an der Tunnelstraße sitzende Kühlhaus Krempel wird frei, so dass dieses Gelände bis Ende 2010 neu geplant werden könnte. Es bietet sich an, eine Achse von Wohngebäuden zwischen dem unmittelbar daneben gelegenen Roser-Gelände und dem Schoch-Areal zu bilden. Am Hang zum Killesberg bliebe ein Grünbereich erhalten.

Entwurf Bebauung Kühlhaus-Krempel-Areal (Plan: Schwarz Architekten)

Ehemaliges Fahrion-Verwaltungsgebäude, Steiermärker Straße

Zur Neubebauung steht auch das große Areal der ehemaligen Baufirma Fahrion an, das durch die Insolvenz des Unternehmens frei geworden ist. Es zeichnet sich ein Eignerwechsel ab, weil die jetzigen Besitzer, die Lutz-Neubert-Gruppe, das Gelände wieder veräußern will. Die Stadt plant weiterhin eine gewerbliche Nutzung des Geländes, will darauf aber zusätzlich eine Sporthalle für die benachbarten gewerblichen Schulen unterbringen. Der dahinter liegende Grünzug soll aber erhalten bleiben.

Zukunfts(t)räume

Weitere geplante Bauvorhaben (Stand 2010):

„Äußere Bainde" – die Wohnbebauung der Gärten am Rande des Landschaftsschutzgebietes Lemberg ist schon seit Jahrzehnten geplant und noch immer umstritten.

Areal Güterbahnhof Süd – über die Nutzung dieses riesigen Brachgeländes wird schon seit 15 Jahren diskutiert:

Das Hotel „Motel One" an der Heilbronner Straße ist bestens ausgelastet und plant eine Erweiterung. Die letzten Wohnhäuser der Gegend werden wahrscheinlich verschwinden.

Zwischen dem Autopflegeservice Mr. Wash und dem Bürogebäude Oasis ist eine Renault-Hauptniederlassung

Gegenüber der Daimler-Benz-Bank (früher Gelände Holz-Wieder) ist ein großes Porsche-Zentrum geplant.

Die schon seit langem von der Stadt geplante „City-Prag" sieht am Pragsattel vier Hochhäuser zwischen 70 und 110 m Höhe vor. Als erstes soll an der Stresemannstraße ein maximal 23-stöckiges Hochhaus der Bülow AG, Stuttgart, entstehen.

Im Quartier Maybach-/Siemensstraße sind wesentliche Veränderungen geplant. Ein großes Pflegeheim an der Maybachstraße mit 152 Betten ist gerade bezogen worden.

Verlegung B 295 – die Bundesstraße soll stadteinwärts zukünftig durch die Bahnunterführung und die Borsigstraße zur Heilbronner Straße umgeleitet werden.

Wenn die Firma Behr in Feuerbach ihre Produktion wie vorgesehen aufgibt, wird sicher auch ein Teil des Fabrikgeländes zur Disposition stehen.

Projekt „Wohnen am Höhenpark" auf dem ehemaligen Killesberg-Parkplatz (früher Mercedes-Likörfabrik) – die Bebauung wurde wegen möglicher Sicherheitsrisiken während des Baus von „Stuttgart 21" vorläufig gestoppt.

Geplantes Audi-Zentrum in der Heilbronner Straße (Visualisierung: Schwarz Architekten)

Dienstleistungs- und Gewerbeflächen, ein Park-und-Ride-Parkplatz und ein Raumabschluss zum Bahnhof wären möglich.

Im Haushahn-Areal im Industriegelände gibt es inzwischen viele leer stehende Gebäude. Hier ist eine Neuordnung notwendig. An der Borsigstraße ist bereits ein Bürogebäude geplant.

Das Gelände der Firma Leitz ist inzwischen vom Nachfolger Esselte an einen amerikanischen Finanzinvestor übergegangen, der es offensichtlich meistbietend verkaufen will. Hier wird also auch mit Veränderungen zu rechnen sein.

geplant, ein weiterer Baustein zur „Automeile" an der Heilbronner Straße.

Gegenüber dem Mercedes-Forum hat der VW-Konzern das Gelände der Firma Hahn + Lang aufgekauft und wird dort das größte Audi-Zentrum in Deutschland errichten. Auch das Kiefer-Areal wird neu geplant. Nachdem die Möbelkette „XXL" wegen der Restriktionen der Stadt Stuttgart von ihrem dort geplanten Möbelhaus zurückgetreten ist, wird sich hier ein großer Bau- und Gartenmarkt mit Tiefgaragen ansiedeln. Die Tankstelle muss entsprechend verlegt werden.

Auf dem ehemaligen Killesberg-Parkplatz soll das Objekt „Wohnen am Killesberg" entstehen.

Zukunfts(t)räume

„Feuerbach – das ist Industrie, Wein und Wald. Seine Schätze liegen im Verborgenen. Wer es nur vom Durchfahren kennt, möchte hier niemals leben. Wer hier Wurzeln geschlagen hat, möchte nicht mehr weg."

Jürgen Kaiser – Medienpfarrer und Schriftsteller aus Feuerbach

Quellenverzeichnis

Der Autor bedankt sich herzlich bei Walter Rieker, ohne dessen umfassendes Wissen und reichhaltiges Feuerbach-Archiv dieses Buch in seiner jetzigen Form nicht möglich gewesen wäre.

100 Jahre Sportvereinigung Feuerbach 1883–1983. Stuttgart 1983.

100 Jahre Stadterhebung Feuerbach (Festschrift). Stuttgart 2007.

900 Jahre Feuerbach 1075–1975 (Festschrift). Stuttgart 1975.

Adressbuch der Stadt Feuerbach 1904 und 1933.

Albrecht, Richard: Feuerbach – Ernstes und Vergnügliches. Stuttgart 1976.

Auf den Spuren von Faschismus, Widerstand und Krieg in Feuerbach. Ausstellung der Friedensinitiative Feuerbach in der Bibliothek Feuerbach 1993. Stuttgart 1993.

Badische Heimat. Heft 2. Karlsruhe 1979.

Bruy, Ursula: Raster und Voluten. Das Leibniz-Gymnasium und die Turn- und Festhalle in Stuttgart-Feuerbach. Ditzingen 1909.

Bulling, Horst: Kunst in Feuerbach (Katalog 10 Jahre Kunstkreis Feuerbach). Stuttgart 1992.

Chronik Feuerbach 1908–1933 (Auszug aus der handschriftlichen offiziellen Stadtchronik durch Karl Müller). Stuttgart 2007.

Decker-Hauff, Hansmartin: Geschichte der Stadt Stuttgart. Band 1. Stuttgart 1966.

Der Festungsbote. Faksimile-Nachdruck der Ausgabe Rastatt 1849. Rastatt 1997.

Ernst Elsenhans, ein schwäbischer Revolutionär in Rastatt. Rastatt 1995.

Feuerbacher Festzeitung. Sonderausgabe der Feuerbacher Zeitung zum 75-jährigen Stadtjubiläum. Stuttgart 1982.

Feuerbacher Geschichte. Band 1–5. Hg. von Karl Müller und Rolf Zielfleisch. Stuttgart mehrere J.

Feuerbacher Geschichtsblätter. Erstmals 1922 herausgegeben von Richard Kallee, 1993–2008 fortgesetzt durch den Bürgerverein Feuerbach mit den Autoren Gotthilf Kleemann, Karl Müller, Rita Müller, Rolf Adam. Stuttgart mehrere J.

Goessler, Peter: Vor- und Frühgeschichte von Stuttgart-Cannstatt. Stuttgart 1921.

Hagel, Jürgen: Vom Weinbauort zum Industriestandort. Stuttgart 1991.

Haigis, Ernst: Feuerbacher Buben. Stuttgart 1993.

Häussler, Otto: Die Industrialisierung der Stadt Feuerbach. Stuttgart 1932.

Heinz, Reinhard: 100 Jahre Krankenhaus Feuerbach. Stuttgart 1993.

Heinz, Reinhard: Feuerbacher Talkrabb-Geschichten. Stuttgart 1975.

Herrmann, Otto: Die Verdammten. Stuttgart 1994.

Herrmann, Otto: Malerei und Grafik. Katalog Kunstkreis Marbach. Marbach 1991.

Herrmann, Otto: Zum 70. Geburtstag. Stuttgart 1969.

Hesse, Oswald: Geschichte von Feuerbach. Feuerbach 1909 (mit Stadtplan Feuerbach von 1907).

Hoffmann, Friedhelm: 200 Jahre neu erbaute Stadtkirche Stuttgart-Feuerbach. Stuttgart 1990.

Kleemann, Gotthilf: Feuerbach. Gesammelte Veröffentlichungen 1963–1968 in der Feuerbacher Zeitung. Zusammengestellt von Karl Müller. Stuttgart 2008.

Krämer, Heinz: Fertig Feuerbach. Leinfelden-Echterdingen 2004.

Krämer, Heinz: Louis Uhland am Necker, an der Seine und am Feuerbach. Leinfelden-Echterdingen 2007.

Matern Feuerbacher und der Bauernkrieg. Katalog zur Ausstellung. Großbottwar 2006.

Müller, Gertrud: Die erste Hälfte meines Lebens. Erinnerungen 1915–1950. Hg. von der Lagergemeinschaft Ravensbrück Freundeskreis. Essen 2004.

Müller, Rita: Von der Wiege bis zur Bahre. Stuttgart 2000.

Otto & Maria Herrmann-Stiftung (Hg.): Spiegel, Spiel und Maskerade. Zirkus- und Theaterbilder von Otto Herrmann. Stuttgart 2008.

Paret, Oscar: Groß-Stuttgart in vorgeschichtlicher Zeit. Stuttgart 1949.

Sautter, Hans: Werner Haas (biografisches Manuskript). Stuttgart o. J.

Schwäbische Lebensbilder. Band 6. Stuttgart 1957.

Schwarz, Hans-Ulrich: Die Universitätspflege Feuerbach. Tübingen 1981.

Stuttgart zu Fuß. Tübingen 2005.

Wein, Gerhard: Die mittelalterlichen Burgen im Gebiet der Stadt Stuttgart. Stuttgart 1971.

Wolz, Monika: Otto Herrmann als Zeichner für den „Simplicissimus" u. a. Stuttgart 1999.

Zielfleisch, Rolf: Stuttgarter Bunkerwelten. Stuttgart 2006.

Bildnachweis

Jörg Kurz: S. 9, 17, 18–20, 22–24, 27, 30, 34, 59, 91, 94, 103, 117, 119–121 sowie alle aktuellen Farbfotos.

Walter Rieker: S. 10, 13, 14, 27–38, 40–43, 45, 46–58, 60–62, 64–68, 70–75, 77–81, 84–86, 88–92, 95–98, 104–108, 111, 114–118, 122–123, 134, 212, 214.

Susi Seydelmann: S. 26, 39–41, 43–44, 50, 56, 60, 70, 82–84, 88, 99, 109, 112, 199.

Wolfgang Albrecht: S. 96, 117, 249.

Gerald Unglaub: S. 48, 49, 58, 61, 63, 68, 69, 77, 79, 91, 92, 115, 236.

Hauptstaatsarchiv Stuttgart: S. 15, 16, 33.

Landesmuseum Stuttgart: S. 12–14.

Deutsches Literaturarchiv Marbach: S. 27.

Staatliches Museum für Naturkunde, Stuttgart: S. 34.

Stadtarchiv Stuttgart: S. 25.

Stadtmessungsamt Stuttgart: S. 28, 122, Karte Nachsatz.

Robert Bosch GmbH Historische Kommunikation: S. 44, 69, 99, 113.

Schwarz Architekten: S. 144, 253, 254, 256–260.

Sportvereinigung Feuerbach, Armin Baumstark u. Matthias Maier: S. 222, 183.

Siedlungswerk Stuttgart: S. 255.

Ruth Maier: S. 112, 179.

Frank Gerlach: S. 117, 131–134.

Isolde und Hans Haas-Sautter: S. 117, 128–129.

Gerstenberg-Verlag, Hildesheim: S. 117, 139, 142.

Otto und Maria Herrmann-Stiftung: S. 124–127.

Roland Ostertag: S. 209.

Klaus, Angela, Angelie und Moritz Paysan: S. 135–138.

Jutta Sailer-Paysan: S. 10.

Hermann Strotmann: S. 225.

Prof. Peter Hübner: S. 218.

Wolfgang. J. Dietrich: S. 139.

Helga Gebhardt: S. 127.

Föhrichschule, Stuttgart-Feuerbach: S. 202.

Martin Ketterer: S. 115.

Ensinger Mineral-Heilquellen GmbH: S. 55.

Oscar Paret: S. 11–12.

Narrenzunft Feuerbach: S. 226.

Eric Carle: S. 140–141.

WOGV: S. 226, 240.

Thomas Hörner: S. 8.

CAMP Jugendhaus: S. 219.

Werner Geissler: S. 76, 84.

Heinz Wienand: S. 100–102.

Jürgen Kohler: S. 87–89, 95, 104, 123.

Dr. Wolfgang Müller: S. 64.

Wolfgang Bauer: S. 93.

Internet:
http://de.wikipedia.org/wiki/Josef_Ganz
http://www.josef-ganz.com
http://www.ganz-volkswagen.org/
(alle zu S. 83)

Der Autor und der Verlag haben sich intensiv darum bemüht, alle Urheber bzw. Inhaber der Bildrechte zu ermitteln. Leider ist es uns nicht in allen Fällen gelungen. Wir bitten daher Rechteinhaber, sich in berechtigten Fällen mit dem Verlag in Verbindung zu setzten.

Danksagung

Den Initiatoren:
Rolf Adam
Ruth Maier
Walter Rieker

Den Sammlern:
Susi Seydelmann
Gerald Unglaub
Dr. Wolfgang Müller
Bezirksvorsteherin Andrea Klöber
Gerhard Zeeb
Andrea Deyerling-Baier
Natalie Kreisz
Isolde und Hans Haas-Sautter
Klaus, Angelie, Moritz Paysan und Jutta Sailer-Paysan
Hauptstaatsarchiv Stuttgart
Landesbibliothek Stuttgart
Landesmuseum Stuttgart
Frank Gerlach
Wolfgang Albrecht
Eric Carle und Christa Bareis
Werner und Jo Schwarz
Helmuth Wirth
Heinz Wienand
Jürgen Kohler
Werner Geissler
Werner Schretzmeier
Ruth Walter-Santura
Adolf Grether
Prof. Peter Hübner
Stefan Wegner
Roland Ostertag
Wolfram Dettling
Andreas G. Winter
Susanne Müller-Baji
Dr. Sabine Lutz
Armin Baumstark
Wei Chen

und den vielen anderen freundlichen Menschen, die zur Entstehung dieses Buches beigetragen haben, die aber leider nicht alle genannt werden können.

Die Weißenhofsiedlung
Geschichte und Gegenwart

Die 1927 in Stuttgart errichtete Weißenhofsiedlung zählt zu den bekanntesten Siedlungen der Moderne. Nahezu alle maßgeblichen jungen europäischen Architekten waren an ihrem Bau beteiligt, darunter Walter Gropius, Le Corbusier, Mies van der Rohe, Peter Behrens, J. J. P. Oud und Mart Stam. Jedes Jahr besuchen Menschen aus aller Welt den Weißenhof, um die berühmte Siedlung zu besichtigen.

Dieses Buch stellt umfassend die Geschichte der Weißenhofsiedlung dar. Mit mehr als 400 farbigen Abbildungen und Plänen, die zum Teil erstmals veröffentlicht werden, dokumentiert es ihre Entwicklung von der Entstehung bis zur Gegenwart. Ausführlich beschrieben werden erstmals auch die Bauten in der Umgebung des Weißenhofs, die als Vorläufer der Siedlung oder in Reaktion auf das moderne Architekturexperiment entstanden sind. Darüber hinaus wird die Fortführung des Experiments in den Werkbundausstellungen in Wien, Zürich, Prag, Breslau und Brünn beleuchtet.

Mit seinen Übersichtsplänen ist das Buch ein idealer Führer durch die Siedlung, mit dem auch der Fachmann noch manch interessantes Detail entdecken kann.

Die Autoren
Beide Autoren sind Anwohner der Weißenhofsiedlung und engagieren sich seit Jahrzehnten für dieses international bekannte Baudenkmal.
Manfred Ulmer, Jahrgang 1939, beschäftigt sich seit frühester Jugend mit Kunst und Architektur und ist Mitglied im „Verein der Freunde der Weißenhofsiedlung e.V." Seit nahezu 40 Jahren sammelt er Material zur Weißenhofsiedlung und hält ihre Entwicklung in Bildern fest.
Jörg Kurz, Jahrgang 1941, gründete 2004 die Stadtteilinitiative „PRONORD", die sich bei Stuttgarts Bürgern mit mehreren Ausstellungen einen Namen gemacht hat. 2005 erschien sein erfolgreiches Buch „Nordgeschichte(n)".

Wieder erhältlich! 2., überarbeitete Auflage

Manfred Ulmer / Jörg Kurz
Die Weißenhofsiedlung
Geschichte und Gegenwart
264 Seiten, gebunden
zahlreiche farbige Abbildungen
€ 19,90
ISBN 978-3-936682-05-2

HamppVerlag

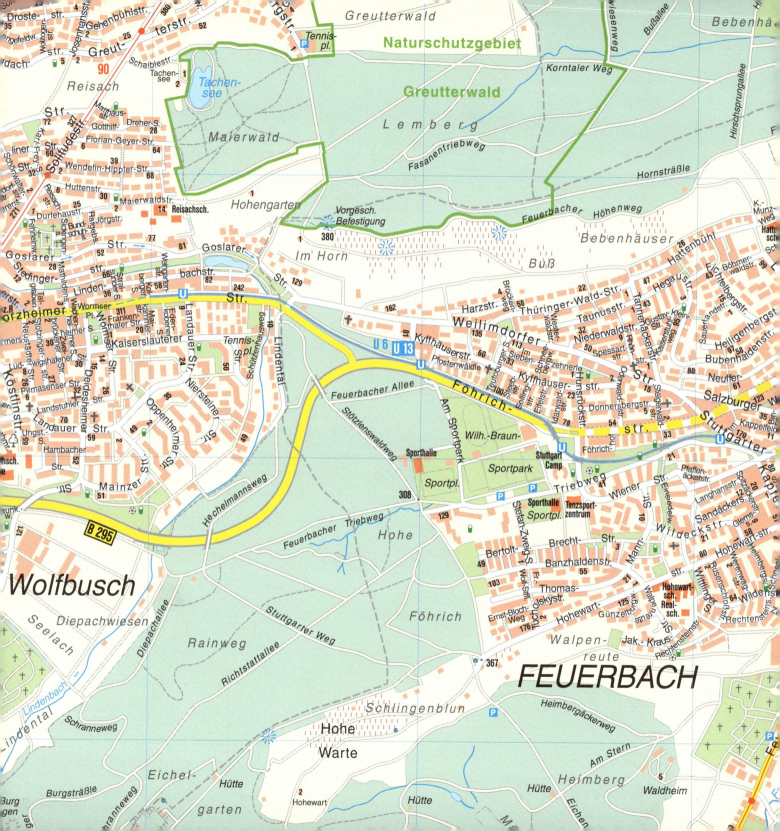